しあわせを育てる

Kitchen

オーダーキッチンとインテリアリフォーム、10軒の家族の物語

———

リブコンテンツ

誠文堂新光社

10 Homes and Kitchens

———— / ————

Designed to Enjoy
the Precious Times in Life

一生モノのキッチンです。

——————／——————

毎日の食事を作り、家族に活力と笑顔を送り込む
家の「心臓」のようなキッチン。
キッチンは家の中心だから、とても大切にしてほしい場所です。

リブコンテンツは、キッチンは「一生モノ」だと考えます。
だから、とことんこだわってほしい。
「一生」使えるように。

「一生モノのキッチン」とは、
住む人の暮らしにぴったりフィットして、
そのうえ、今とは違う20年後、30年後の暮らしにも
フィットさせることのできるキッチン。

大好きなデザイン、
動きやすいレイアウト、
使いやすい収納、
お掃除が楽しくなるような素材、
壊れてもメンテナンスできる機器類。
愛着の理由は、住む人のストーリーの数だけあります。

毎日しあわせを感じ、笑顔で過ごせて、
家族の大切な時間を育てる、
世界にただ1つの、一生使えるキッチン。
この本では、私たちがつくってきたそんなキッチンと住まい、
10軒のストーリーをご紹介します。

Contents

————／————

しあわせを育てるキッチン

10 Homes and Kitchens Designed to Enjoy the Precious Times in Life

Chapter

1

オーダーメイドの
醍醐味、
全面リフォームの家

お仕着せの間取りを自分らしく変
えたい、お気に入りの家具に合う
空間にしたい、たくさん持ってい
る鍋を効果的にしまいたい、両親
から譲り受けたしっかりしたつくり
の家を住みつなぎたい……さまざ
まな事情にぴったりフィットした家
をつくる、全面リフォーム事例です。

Lifestyle File 001

T ＆ K・F さん

Lifestyle File 002

———

石井さん

Lifestyle File 003

———

塩出竜士さん、尚子さん

Designed for Life

Designed for Life

F House

家族団欒とそれぞれの居場所。
どちらも大満足の快適空間に

愛猫のモチくん。他の家族と同様、彼専用の居
場所ももちろんあります（p19参照）。

キッチンとダイニングをゆるやかに仕切る、黒のスチールフレームが印象的なガラスの引き戸。オープンともクローズとも言える、まさにいいとこどり。

11

「朝、お弁当を作りながら朝食もとれる、
そんなキッチンが欲しかったんです」

| Name

T&K・Fさん
家族構成：
夫婦、女の子2人、猫1匹

| Profile

中2と小6の仲良し姉妹のバレエ用の衣装
や、ビーズのティアラまで手作りする器用な
奥さま。焼物好きで、夫婦で窯元を訪れる
のも趣味。

1 キッチンは光沢のある白を基調とした明る
い空間。食事もできる大きなアイランドカウ
ンターが夢だったそう。お嬢さん2人が休日
のランチ中。**2** 小物や雑誌を見せて飾れる
ニッチ棚が家族の通り道に。**3** Fさん一家が
暮らすのは築50年のヴィンテージマンショ
ン。ご両親がリフォームした当時の風情を
残す天井が、生まれ変わった明るいキッチ
ンになじんでいます。**4** 大好きなガラス素材
を多用し、随所に黒を効かせた絶妙のセンス。

もともとはご主人のご両親が住み、ご主人も小さい頃から過ごしていた都心のマンション。結婚後に譲り受け、海外在住中、人に貸していた6年間を経て、帰国後に一家の住まいとなりました。帰国のちょうど3年後に、満を持して全面リフォームをしたFさん。1970年代に建てられたヴィンテージマンションで、広々とした各居室が真ん中の水まわりをぐるりと取り囲む形で配置された贅沢な間取りです。ただ、以前のキッチンは昔ながらのクローズドで、ダイニングとの間が壁で隔てられ、家族の様子が見えない状態で料理をしていました。

そこで、ダイニングだった場所にキッチンを移動。窓からの光が差し込む明るいキッチンにはアイランドカウンターを設けて、簡単な食事もできるように。ダイニングとの間は、ガラスのスライドドアでほどよく仕切りました。

コンロのあるカウンターにもアイランドカウンターにも、たっぷりの引き出し収納を。コンロ上部には使いやすい吊り戸棚、窓際には両開き扉の食器棚、反対側には家電用のトールキャビネット、ワイングラス用のキュリオケース、パントリーの収納庫と、造り付け収納が充実しているのもFさん宅のキッチンの特徴。「ものの量が多いので、1つ1つのアイテムのサイズを測るのは無理でした。測ったのは調味料だけだったと思います」と奥さま。でも、でき上がって収納してみると、調理道具や食器がそれぞれぴったりおさまることに感動。「シンデレラフィットの連発でした」。

キッチンの隣は、パントリーとユーティリティ、そして奥さまのアトリエ。ここが以前キッチンだった場所で、窓側にはミシンを出して縫い物ができるデスクを造り付けました。ここで、バレエのレッスンに励むお嬢さんの衣装を縫ったり、布小物を作ったりするための作業をします。その背面には洗濯スペースがあるので、家事をしながら手仕事を進めることもできます。キッチンを中心に、家族のいるリビング・ダイニングと家事室の両方にすぐアクセスできる動線は、本当に便利だそう。

LDKを大好きなガラスと黒のスチール素材を使った空間にしたいという希望は、かなり早くからあったという奥さま。ロサンジェルスで訪れたテラス付きレストランのインテリアからインスピレーションを受けた組み合わせです。リフォームの打ち合わせの際には、ピンタレストを駆使してイメージに近い写真を集め、担当スタッフと共有しました。今、その写真コレクションを見せてもらうと、まさに夢の空間が実現しているのが見てとれます。

|1| |2| |4|
	3		
	5	6 7
		8

1 キッチンからすぐアクセスできる、家事室とも趣味室とも呼べるお気に入り空間。「一日ここにいていいと言われたら、ずっと手仕事をして過ごしていたいです（笑）」。**2** コンロの並びはフィックス窓でしたが、お隣と目線が合う位置だったので、ガラスブロックで光を通しつつ目隠し。**3** 背板のガラスモザイクタイルがポイントのオリジナルキュリオケース。**4** コンロ側の壁面もガラスです。使った後にさっと拭けばきれいになるので、メンテナンスが楽だそう。**5** アイランドカウンターの脇にある開き扉収納の上段には、作家物の和食器を。下段には40個は持っているというル・クルーゼのコレクションなどを。**6・7** オープンスライド棚、内引き出しなどを駆使して、各アイテムがこの通り。**8** 引き出し収納はボトル類から米びつ、お弁当グッズまで、高さがぴったりで気持ちいいほど。

Close

Open

リビングのフォーカルポイントにもなっている、グレーの壁一面に設けられた浅いディスプレイ棚。ここでも黒のスチールを使って、空間全体の調和をとっています。この壁はリフォーム時に新たにつくったもので、以前の間取りではリビングの隣にもう1つ居室があったため、壁の位置はかなり手前でした。向かって左端には、壁と一体化した隠しドアが。ドアを開けるとそこはご主人の書斎。石の壁と本棚に囲まれた細長い空間の奥にデスクが置かれた、居心地のよさそうな隠れ家です。「狭くなってもいいので、この奥に自分の個室が欲しかったんです」とご主人。趣味の仏像コレクションが飾られた、小さなミュージアムのような空間で、集中したい仕事を持ち込んでこもることがよくあるそう。

Fさん宅のリビングには、家族それぞれのお気に入りの居場所につながる仕掛けがいくつもあります。

1	
2	
	3

1・2 思い出のアイテムや家族写真などが飾られたディスプレイシェルフ。ご夫妻ともに「図鑑好き」で、下の方の段にその片鱗が。
3 ご主人お気に入りの「隠れ家書斎」のインテリアのヒントになったのは、博物館。石とダークカラーに塗った壁、照明の使い方など、なるほどと思わせてくれます。

4
—
5

4 玄関横のウォークインクローゼットは、4人家族それぞれのロッカールームのよう。**5** 幼い頃から、ブルーとピンクのテーマカラーが決まっていた姉妹。2人の部屋は、どちらにも合う淡いグレーで壁をペイント。

Data

住居形態：マンション
間取り：4LD＋K → 3LDK＋DEN
リフォーム範囲：全体
キッチンのタイプ：Ⅱ型　アイランド

> Point

ダイニングだった場所にキッチンを移し、もとのキッチンの場所は奥さまの作業机のある家事室に。LDスペースを広げ、リビング隣にご主人の書斎を。

Before

After

Questions

Q1_インテリアの好みは、どんなところから影響を受けていると思いますか?

特に決まったものがあるわけではないのですが、旅先のホテルやレストランで気に入ったシーンを取り入れたいなと思いました。アメリカ西海岸のテラス付きレストランや以前住んでいた香港の家など、これまで出会った好きな空間を思い出して、リフォームの打ち合わせの際の資料にしました。

Q2_お得意料理、好きな料理は?

娘たちが好きなのはチキンナゲット、焼売、ビーフストロガノフ、ミートソースなど。主人が好きなのは娘たちが「ダンダンチキン」と呼ぶ南蛮漬け風の鶏肉料理。お客さまを招いたときは、オーブン料理をよく作ります。

Q3_趣味は何ですか?

料理、ミシンを使った服や布小物作り、コンクール舞台用のバレエティアラ製作。手先を使う作業が好きです。夫婦で好きなのは器の窯元めぐり。特に唐津焼の土平窯さんには定期的に訪れ、朝食のお皿をオーダーで作ってもらうほどのファンです。

Q4_ 宝物は何ですか?

家族の笑顔と、おいしいごはんです。

Q5_オーダーキッチンのよさを一言で!

自由! それに尽きます。すべて自由になることです。

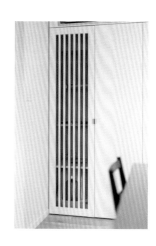

1・2 ダイニングテーブルのすぐ横にある4枚の開き扉の中には、お嬢さんのデスクが。この仕掛けは完成するまで2人には秘密のサプライズだったそう。**3・4** お嬢さんのデスクスペースの隣は、猫グッズの収納と、モチくんのコーナー。スリットを入れた開き扉の中は「4階建て」の猫の家で、1階がトイレ、3階がダイニング!

| 1 |
| 2 | 3 |

1 清潔感あふれるバスルーム。こだわりのガラス使いやたっぷりのリネン庫もフルオーダーならでは。**2** 四角い手洗いボウルが可愛いトイレのカウンターも白でまとめて、さわやかでクリーンな空間に。**3** バスルームもフルオーダーで。磁器タイルとガラスモザイクタイルのコンビが美しいシャワー周り。ガラス好きの奥さまらしく、色や幅にもとことんこだわって。

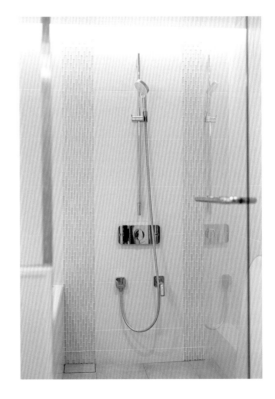

開き扉の裏も有効活用

収納庫の扉裏にワイヤーラックを取り付けて、小さくたたんだお弁当用のクロスを。見やすく取り出しやすいので、忙しい朝もスピーディに支度ができます。

家電収納はオープンスタイル

日常使いの家電収納は一部を引き出せるように。側面はホワイトボードのように使えるガラス張りにしてあり、ちょっとしたメモやメッセージ、お嬢さんのイラストでいつもにぎやかです。

Good ideas
▶ from ◀
F House

室内干し用のバーが大活躍

ユーティリティの洗濯機横には、手洗いもできる深めのシンクを。頭上に取り付けられたバーは、ハンガーをさっと掛けられて本当に便利。「これ、大ヒットでした」と奥さま。

タイル使いのキュリオケース

棚の背板にガラスモザイクタイルを貼った、ワイングラス用のキュリオケース。ミラーのタイプはよくあるけれど、これはガラスやメタルのタイルを貼ったオリジナル。大のお気に入り!

Chapter 1

Designed for Life

Ishii House

受け継いだ一軒家の魅力を
生かして住みつなぐインテリア

「キッチンをリフォームするなら、収納はピュアホワイトの框扉に」。最初から全くぶれなかった奥さまの希望。北側の天窓から安定した光が差し込む、明るいキッチンになりました。

「このキッチンそのものが、私の宝物。
本当に自分たちの家になったと感じます」

| Name

石井さん
家族構成：
夫婦、女の子1人、猫1匹

| Profile

ご主人の実家だった一戸建てを譲り受け、しばらくそのまま住んでいたご一家。キッチンリフォームをきっかけに、家全体を使いやすく大好きなテイストに。

「キッチンの換気扇が故障しなかったら、家全体をリフォームすることもなかったかもしれません」と話してくれた石井さん。ご主人の実家を受け継いで長く暮らし、ずっと使ってきたキッチンごと、この機会に新しくしようということになり、石井家の全面リフォームの第1弾が幕を開けました。

奥さまには、以前から思い描いていた理想のキッチン像がありました。それはインテリア本で見た、料理研究家の行正り香さんのキッチン。白い框扉と、クラシックでいて重厚すぎない絶妙のテイストが、まさに好みにぴったりでした。

使い慣れたレイアウトは変えず、対面側の吊り戸棚を外してオープンに。「この白でなければ」というピュアホワイトを基調に、ニュアンスのあるグレイッシュトーンを壁面のタイルとワークトップに配し、アン

1	2	3
		4
		5

ティークゴールドの取っ手をアクセ
ントにしました。

　驚いたのは、この家を購入すると
きの決め手だった天窓からの光が、
白いキッチンになったことで、ダイ
ニングにまで回るようになったこと。
吊り戸棚をなくしても収納量は落ち
ず、使い勝手は倍増。「配置を変え
ていないのにこんなに使いやすくな
るなんて。今日もそう思いながらキ
ッチンに立っていたんですよ」。

1 グレイッシュグリーンのイタリア製タイルが
白いキッチンのアクセントに。**2** 幅60cmの食
洗機を入れたので、スペースの都合上小さな
シンクに。スタッフの「ヨーロッパの家庭も
シンクは小さめですよ」との言葉に納得。**3**
ダイニング側から見えない位置（食器棚の裏
側）に、使い勝手のいい大活躍の棚が。朝
食やお茶の用意などに便利。**4** 小窓の古いア
ルミサッシが周囲から浮かないよう、真鍮金
具で引っ掛けるタイプのファブリックシェード
をつけました。**5** 石井さんのためにつくり出し
た、くすみのない澄んだ白。

1		3
2		4	5	6

1〜4 アップライトピアノと、窓辺にゆったりとソファが置かれたリビング。ダイニングとの間を仕切るのは、ガラスをはめ込んだ軽やかな白のスライドドア。ガラスはクリアにして、気配がわかるように。リビング奥の和室の手前まで、チーク無垢材のフローリングが続いています。**5** 奥さまの趣味は、9年ほど続けているカルトナージュ。リフォームしてからは作品を飾るのも楽しみに。**6** ピュアホワイトにフィットする、グレイッシュトーンのファブリック。心落ち着くお気に入りの色です。

キッチンと同じタイミングで、そこからつながるダイニング、リビング、和室と、1階全体をリフォームすることに。ご主人がお母さまと妹さんとともに暮らしていたこの家の内装は、クラシックで重厚なイメージ。長く使われていた立派な家具が置かれた、風格のある住まいでした。いいものを長く大切に使う暮らしが好きで、居心地もよかったそうですが、どことなく「住まわせてもらっている」という感じも持っていたという奥さま。LDKリフォームの際には、もともとの家が持つクラシックな魅力を上手に残しつつ、軽やかな印象にしたいとリクエストしました。「でも、それほど事細かな要望を伝えたわけではないんです。一度お話ししながら家の様子を見ていただいただけで、私の好みのポイントをつかんで、夢見ていた空間を実現してもらえました。そこが本当にすごいなと思います」。

	2
1	3
4	5

1 リビングと和室は塗り壁にして統一感を出し、和室の内装は純和風から、全体の調和がとれるよう現代風に一新。石井さん宅では、朝ごはんはダイニングテーブルで、夜ごはんは和室の座卓でとるのだそう。**2・3** リフォーム後、念願の子猫を飼い始めました。恥ずかしがり屋で撮影はできませんでしたが、新しい部屋を引っかき回すこともないおりこうさん、名前は「音」くん。**4・5** 玄関ホールに面したリビングの親子ドアには、デザインガラスをはめ込みました。真鍮のドアノブも素敵。

LDKリフォームが大満足の仕上がりで「1階と同じ雰囲気で統一したい」と、2年後には第2弾として、2階の3部屋もリフォームすることになりました。お母さまが使っていた和室を洋室に変えて、お嬢さんの部屋に。真ん中は、ウィリアム・モリスの伝統柄をモダンにアレンジしたシリーズ、「ピュア・モリス」のファブリックを贅沢に使った奥さまの個室。ご主人の個室も内装を一新し、古くなっていた廊下は、分厚いカーペット敷きに。時を刻んだ階段や建具の雰囲気と相まって、まるで洋館のような趣のある空間になりました。

これまでの落ち着いた雰囲気に加え、家全体が明るい印象に変わったことで、アクティブな心境になった、とご主人も語ります。「この気持ちよさをキープできるように整理整頓を心がけ、また買い物の際も、部屋とのコーディネートをより考えるようになりました」。

家の個性であるクラシック感を大切にし、色や質感をきめこまやかに変えることで実現した、すっきり上質な住まい。「これで本当に、今を生きる自分たちの家になったと実感できました」と奥さま。「2度のリフォームはあまりにすばらしい経験で、次にどこかリフォームするところないかな、と今も考えてしまうほどです（笑）」。

Data

住居形態：一戸建て
間取り：4LDK
リフォーム範囲：LDK、和室、寝室、子ども部屋、廊下、玄関
キッチンのタイプ：L型＋ペニンシュラの変形

> Point

間取りは全く変えずに、受け継いだ家のよさを生かしつつ内装をリフレッシュ。1階のLDKリフォームの2年後に、2階の3部屋と廊下、玄関もリフォームしました。

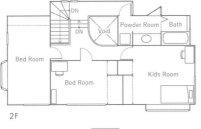

2F

1F

6 | 7
———
8

6・7 担当スタッフからの提案で、玄関ホールと2階の廊下をカーペット敷きにリフォーム。窓のある踊り場やアールのついた壁など、古風で贅沢なつくりの階段スペースにもよく似合い、印象的なシーンを生み出しました。**8** 玄関ホールからキッチンに通じる、デザインガラスをはめ込んだドア。既存の階段ともマッチしています。

1		3	4
		6	
2		7	5

1・2 チェストは独身時代から、アンティークデスクは結婚当初から。人生をともに過ごしてきた家具のある空間。自作カルトナージュのランプシェードやボックスが似合います。**3〜6** ウィリアム・モリスのデザインアーカイブをグレイッシュトーンで現代風に表現したシリーズ「ピュア・モリス」が、ちょうど2階のリフォームの頃に発表され、採用することに。グレーの無地に重ねた「ウィローボウ」のシアーカーテンが大のお気に入りで、座って眺めるための椅子も置いています。光を通すとさらに美しく、風が吹くと本当に柳が揺れているように見えるそう。**7** 伝統をベースに進化していくモリスのデザインは、石井さん宅のインテリアに似合います。

Q1_インテリアの好みの影響はどこから？

子どもの頃から、母が購読していたインテリア雑誌を見るのが好きで、ヨーロッパのインテリアに憧れがありました。どこかにクラシックさを残しているテイストが好きです。

Q2_リフォーム中、印象に残っているエピソードは？

住みながらのリフォームだったので、毎日工事の進捗を見ることができ、大工さんや職人さんと楽しくコミュニケーションをとれました。主人が毎日会社から帰ると現場に行って、動画で進捗状況を記録していました。

Q3_家の中でお気に入りのシーンは？

3つあります！ ダイニングテーブルに座って眺めるキッチン、2階の自室のローチェアに座って眺める、ピュア・モリスのカーテンのある窓辺、娘の部屋のベッドに座って眺める部屋の風景です。

Q4_得意料理、家族が好きな料理は？

タコとレンコンのマリネ、揚げ鶏のねぎソース、カラフルピーマンのドルマ（トルコ風肉詰めピーマン）。

Q5_オーダーキッチンのよさを一言で！

世界に一つだけのキッチンを、自分のためだけにつくってもらえること。

1 お嬢さんの部屋の壁は、「ピュア・モリス」の「ウィローボウ」とブルーグレーの無地でシックに。奥行きの浅い飾り棚にはお気に入りのアーティストのCDを。勉強中に眺めるとやる気が出てくるそう。**2** 2方の窓から明るい光が。**3** ギターとベース、ドラムやピアノも演奏するお嬢さんの音楽好きはご主人譲り。CDやLPの貸し借りで部屋を行き来する仲良し親子です。

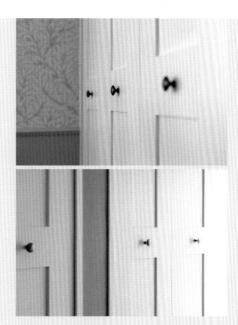

生地見本を額装してインテリアに

奥さまの好みにぴったりだった「ピュア・モリス」のファブリック。打ち合わせで使ったサンプル生地をアンティークゴールドのフレームに入れ、壁に飾っています。

取っ手にもこだわって

クローゼットも白の框扉で統一。お嬢さんの部屋は黒、奥さまの部屋はアンティークゴールドと、取っ手で変化をつけて「親子ペア」を楽しみます。

Good ideas
from
Ishii House

ペイントとタイルでプチリフォーム

玄関は下駄箱をブラウンに塗装し、たたきのタイルはご主人のセレクトで、こだわりの模様張りにしました。小さなリフォームですが、印象が変わって大成功。

大好きなものを飾る場所

当初はピクチャーレールを希望していましたが、回り縁をつけた関係で奥行き浅めの棚に変更。飾りたい気持ちを満足させるおしゃれなシェルフは、お嬢さんのお気に入り。

Designed for Life

Shiode House

5年間の海外暮らしで
得たものを
新しい住まいに組み込んで

赴任先のカリフォルニアから持ち帰ったテーブル
が主役のダイニング。都会的なモノトーンベース
のインテリアから、新しい暮らしのイメージに合
う部屋にバージョンアップしました。

1
—
2

1 新設したペニンシュラカウンターは奥行き1m近く、長さ2m超あり、家族で囲むこともできるサイズ。以前は背面のオーブンの隣に冷蔵庫がありましたが、コンロの隣、左側に見えるタイル壁の奥へ移動。**2** 以前のインテリアのベースだった都会的なモノトーンをアクセントに。新しく取り入れたナチュラルテイストとバランスをとりつつ組み合わせています。

「リモートでの相談にもかかわらず 今の暮らしの価値観に合う家に してもらえました」

| Name

塩出竜士 さん、尚子 さん
家族構成:
夫婦、男の子1人、女の子1人

| Profile

最初にキッチン、その後リビング、海外赴任の5年間を経て3度目のリフォームとなった今回は、LDKに加えて寝室と子ども部屋、トイレのインテリアも一新しました。

　10年前にキッチンリフォームをした後しばらくして、米カリフォルニア州への赴任が決まった塩出さん一家。滞在中の5年間は人に貸していたので、帰国が決まった際、使用感のある部分を少し直したいという相談をしました。現地で買った大きな冷蔵庫や家具を持ち帰って使いたいという要望も。冷蔵庫のスペースを確保するには、キッチンのレイアウトを少し変えなければなりま

せん。相談を受けた担当スタッフから「使えるところは上手に残しつつ、今の暮らしにもっとフィットするよう、LDKを少し変えませんか?」と提案があり、初めは少し驚いた塩出さんでしたが、過去2度のリフォームで信頼を寄せていたため「全面的におまかせします」とすぐに返事。海を隔てた打ち合わせで、帰国後の暮らしを快適にするリフォームがスタートしました。

カリフォルニアの「エンバイロメント・ファニチャー」という家具店で一目惚れして買った、10人は座れるテーブル。このどっしりとしたラスティックなテイストが組み込まれることを見越して、フロアや壁を変えました。

<table>
<tr><td>1</td><td></td></tr>
<tr><td>2</td><td rowspan="2">4</td></tr>
<tr><td>3</td></tr>
</table>

1・2 カウンターで料理する尚子さんの横で、竜士さんは一足先にワインを一杯。カウンターには3人ほど座れるので、こんなふうに語らいながら料理ができます。**3** ダイニング側は、奥行きの浅いグラス専用の収納スペースに。**4** 尚子さんの料理教室や小さかった子どもたちのために、以前の床はお手入れしやすい黒のリノリウムでしたが、今回のリフォームで石のタイルに。白の収納部分は既存のまま、要所要所の素材感を変えることで、大きく印象が変わりました。

持ち帰りたい家具の写真を担当スタッフにメールで送り、リモートでやりとりしながらの打ち合わせ。範囲はLDKだけでなく、寝室やトイレにまで広がり、新しい暮らしにマッチするインテリアができていきました。

海外生活で得た新しいお気に入り、新しいセンスや価値観を上手にブレンドした住まいが、今回のリフォームのテーマ。既存のモダンなインテリアに、骨太のナチュラルテイストを加えて「アップデート」する作業とも言えるものでした。海外から帰ると日本の家が急に狭く感じたり、現地で買った家具がしっくりこないと感じたりすることもあるようですが、たとえ広さに限りがあっても、大切に持ち帰ってきたものや経験のエッセンスをインテリアに反映させ、日本の暮らしと調和させることはできる。塩出さんの新しい家を見ると、そんなふうに感じます。

キッチンに立つと、正面にダイニング、
右手にリビング。お気に入りの家具や
アートが並ぶコーナーを眺めることが
でき、いつも幸せな気持ちになるそう。

以前は黒御影石のⅠ型アイランドカウンターでしたが、新しいキッチンではⅡ型のペニンシュラカウンターに変更し、ワークトップはナチュラルなグレーのクオーツストーンに。随所を黒で引き締めつつ、新しい家具の背景にマッチするよう、温かみのあるタイルや床材、メタル使いで、楽しいリズム感を出しています。

初めてのキッチンリフォームの頃から、人生が大きく展開していった塩出さん一家。尚子さんの仕事が女性誌で紹介されて人脈が広がったことや、海外生活をきっかけに竜士さんも食やインテリアなどライフスタイルに関わることへの興味が増したことから、夫婦で話し合い、縁ができたアメリカの地でおいしいパンを出すカフェをつくろうという話に。実は日本への帰国はすでにその決意を固め、再びの渡米を目指してさまざまな準備をするためでした。

住むのは短い期間になるとわかったうえでの全面リフォーム。「家に手を入れるのは確かにお金がかかることだけれど、思い通りの空間で過ごす幸せと、そこからめぐってくる豊かさに比べれば、おつりがくるほどの投資。だから、今回も思い切ってお願いしたんです」と竜士さん。「家族の時間とその器である家の大切さを実感しました。最初のリフォームと海外生活がなければ、こういう考え方の人間にならなかった。それくらい影響を受けています」。

1		2
3		4	5	6

1 この裏側に、アメリカンサイズの大きな冷蔵庫が。リビング側から見るとちょうど囲むような形で、棚板の間隔がランダムな飾り棚兼本棚をつくりました。**2** 現地を旅行中に気に入って買ったというコーヒーテーブルとチェア、照明とラグにアート。この一式が似合うように、光沢のある黒っぽい床をナチュラルなオーク材に貼り替え、壁を1面だけグレイッシュブルーにペイント。現地の雰囲気がそのままリビングのフォーカルポイントに。**3** 寝室のデコラティブなミラーに合わせて、輸入壁紙をセレクト。

4 コンパクトなトイレですが、奥行き浅めの手洗いカウンターを設置。天板と立ち上がりにモザイクタイルを使い、さらに素敵になりました。**5** どこかにラベンダー色を使いたいという要望は、洗面室の壁に生かされました。アクセントの黒ともぴったり。**6** 廊下からリビングの風景が見える、黒の枠がポイントのガラスドア。

Questions

Q1_インテリアの好みの影響はどこから?

シャープなモノトーンが好きでしたが、海外生活後、少しナチュラルで男っぽいおおらかな感じも好きになりました。色をたくさん使いたくなったことも変化でした。

Q2_印象に残っているエピソードは?

持ち帰る予定の家具やアートの写真を送ってのやりとりでした。担当のSさんに何度もリフォームをお願いして信頼しており、大きなイメージを伝えてすべておまかせしました。「こんなウッディな家具、果たしてあの家に合うだろうか?」と思いましたが「素敵ですね、大丈夫ですよ!」と言われ安心。素材感や色を工夫していただき、大満足の空間ができました。

Q3_宝物は何ですか?

家族と仲間たちです。

Q4_オーダーキッチンのよさを一言で!

その家族に合わせた、究極の使いやすさと快適さを提供するもの。

Q5_これからやりたいことは?

家族でもう一度渡米し、夫婦でベーカリーカフェを始めます。やりたいことを見つけ、夢に向かってまっすぐ進むことを、好きな空間で幸せに過ごす時間からめぐってきた、さまざまなできごとが教えてくれました。

1 | 2

1 最初のキッチンリフォーム当時は3歳と1歳だった仲良し兄妹、EくんとMちゃん。一歩一歩夢を実現していくご両親の姿を見て育つ、2人の今後が楽しみ。**2** 子ども部屋も1面だけダークな色に。彼らにとって思い出深い絵を飾っています。

Data

住居形態:マンション
間取り:3LDK+WIC
リフォーム範囲:全室
キッチンのタイプ:Ⅱ型　ペニンシュラ

> **Point**

大きな冷蔵庫がおさまるよう、キッチンのレイアウトを変更し、テイストもバージョンアップ。リビング・ダイニングと寝室の壁や床も、新しい家具に合うよう新しくしました。

手触り感のあるタイルがお気に入り

少し波打ったようなランダムな表面がユニークなタイルをキッチンの壁に。かっちりしすぎない、自由でおおらかな感じがインテリア全体の雰囲気にフィットしています。

コーナー収納を印象的に

カウンターにL字部分のあるレイアウトなので、ここをどう使うかも重要。あえてオープンにする案を採用し、キッチン家電や土鍋の「飾る収納」コーナーにしています。

Good ideas

from

Shiode House

毎日使う道具の定番の居場所

今や多くの人にその便利さを知られるようになったスライドラック。コンロ下で普段使いの鍋やフライパンをしまうのが人気の使い方。毎日使うからホコリがたまる暇がないのです！

棚板もL字形に回り込ませて

リビングの飾り棚を、入り口側から見たところ。コーナー部分に合わせて棚板もL字形になっているので、飾る場所が多くて楽しい雰囲気です。

好きな色を使うのもオーダーの楽しみ

「収納扉の色を自由につくれる」……そう、「選べる」ではなく「つくれる」。まさにゼロから色をつくり出していくことは、オーダーの醍醐味です。

オーダーキッチンの施工例には、白いキッチンが多いことにお気づきでしょうか。これは、キッチンを明るくしたい、汚れが見えやすいようにしたい、という要望もありますが、「気に入った白が既製品では見つからない」という人が多いことも理由の一つです。

一口に白と言っても、純白だけでなく、青や黄を帯びた白、赤みがかった白など微妙なトーンの違いがあり、そのバリエーションは無限。既製品に白が少ないのは、「この白で！」と特定することが非常に難しく、ロット違いで色が変わるので、クレームを避けるためでもあります。オーダーならその心配はありません。

せっかく色が自由になるのなら、ぜひ好きな色で。色にこだわってキッチンをつくるのも楽しいものです。白に限らず、ブルーもグリーンもパープルも無限にあります。塗料メーカーや印刷会社のカラー見本を見て、まずは気になる色をピックアップ。小さなチップでは心配なら、A4サイズくらいのサンプルをつくってもらいましょう。床材やワークトップの素材が決まっていれば、それらと合わせてみます。その際のポイントは、床やトップは水平に、扉の見本は垂直に置いて、間近で見るだけでなく少し離れて確認すること。実際に目にする角度で確認しないと、印象が全く違ってしまうからです。窓や照明の下などに置いて、光を考えながら見ることも大切です。

空間になったときにどう見えるかを想像するのは、なかなか難しいとは思いますが、そんなときのためにプロがいるので、ここはぜひ相談しながら。

昔の日本の住まいは、木や漆喰、障子がメイン。そのためか新築マンションや建売だと、白い壁と木の収納扉がほとんどです。もちろん、ベンガラの壁や着物など、本来は色合わせが上手なはずなのですが、欧米と比べると色を使ったインテリアに慣れている人は少ないですね。色が自由と言われても、どこから考えればいいのか、迷ってしまうでしょう。

色使いが上手なお客さまを見ていると、普段から色に触れる機会が多いようです。お仕事柄という人もいれば、旅行が好きで旅先で見た街並み、ホテルのインテリアから「こんな色、好きだな」と感じる機会が多いという人も。打ち合わせでは、こうした旅の写真や「この色にしたいんです」と瓶の栓や洋書を見せてくださる人もいて、とても楽しい時間です。

最近は、グレーベースのニュアンスカラーが人気です。赤や黄色などは抵抗があるという場合は、「なんとも言えないグレー」を選ぶのがおすすめ。壁に色を使うのもいいですね。扉と違って、飽きたら塗り替えることができるので、ちょっと冒険してもリカバリーが可能。飽きたときの模様替えも楽しいものです。

広い面積や目につく場所に色はちょっと……という場合は、洗面室やトイレがおすすめです。閉じられた空間なので、ハッとするような個性的な色を使っても大丈夫。特にトイレは大胆な色を使っても「お客さまにも『素敵ね！』と言われます」という、うれしいお声がよく届きます。

シンプルな白い家も素敵ですが、キッチンという限られた場所、壁1面だけはアクセントに好きな色を使ってインテリアを楽しむ。そんな住まいが増えていくといいなと思っています。　　　　（リブコンテンツ）

Chapter

2

子育て中の
「今」が大切、
幸せを育てるキッチン

子育て期は忙しいし、子どもが汚
すからきれいになんてしていられ
ない？ 実はその逆です！ 食べ盛
り、育ち盛りの子どもがいる時期
だから、毎日過ごす空間の快適さ
が大切。そのことをわかっている
からこそ、リフォームに踏みきっ
た人たちの事例をご紹介。

Lifestyle File 004
————
松田さん

Lifestyle File 005

H・Sさん

Lifestyle File 006

Y・Aさん

Our Precious Time

ダークブラウンの木目にグ
レーのポイント使い、タイル
のアクセントウォールなど、
色や素材の調和も美しいキ
ッチン。ディスプレイにもセ
ンスとオリジナリティが。

Chapter 2

Our Precious Time

Matsuda House

くつろぎと楽しみの空間、
子どもの自立性と創造力が育つキッチン

「キッチンに立つと
家族みんなを見渡せる。
子どもたちも楽しく使っています」

Name	Profile
松田さん 家族構成: 夫婦、女の子1人、男の子1人	コーポラティブハウスのキッチン部分を依頼。ご主人は和モダン、奥さまは北欧っぽいシンプルなインテリアが好き。じっくり検討して、どちらの好みも反映した空間ができました。

1 ┌─┬─┐
  │ │2│
  │1├─┤
  │ │3│
  └─┴─┘

1 2方に窓のある明るいLDK。キッズスペースまで一続きの空間なので、子どもたちの様子を見ながら料理ができます。**2** シンプルな白いタイルを網代張りにした、キッチンとダイニングをつなぐアクセントウォール。幅180cm、高さ250cmあるので存在感抜群。**3** カウンターの高さもオーダーならでは。コンロまわりだけ1段低くなっています。

　コーポラティブハウスで新居を建てることが決まってまもなく、キッチンはオーダーにしたい！とリサーチを始めた松田さん。ショールームをいくつも下見した後、リブコンテンツのキッチン説明会に参加し、すぐに依頼を決めました。家全体の設計が進み、キッチンに使える面積がほぼ決まったところで、オーダーキッチンの打ち合わせがスタート。

　もともとインテリア好きのご夫妻は、家具にこだわったレストランや、座る椅子を指定できるデザイナーズチェアだけのバーなどにもよく通っていたそう。理想の家をつくるために作成した30ページにわたるプレゼンテーションシートには、実現したい内容やキーワードとともにたくさんの写真が並びます。中には、ご主人が海外出張の際に見つけた素敵なコーヒー店の写真も。自らを「検索職人（笑）」と呼ぶ奥さまは、

ちょうど育休中で時間があったこともあり、国内外のインテリア関連サイト、ホテルやお店サイトなどから画像検索をして、資料をまとめました。これが担当スタッフとのイメージ共有をスムーズに。「話を聞いてもらった後『これなんかどうですか？』と提案されるものがいちいちストライクで、初回の打ち合わせですでに、つくってもらいたいものが伝わっているなと思いました」と語ります。

タイルをはじめとする素材のメーカーやショップにもよく通い、サンプルを段ボール3箱くらい集めて、さまざまな組み合わせを試した奥さま。扉の面材を選ぶとき、フローリングと同じ色ではなんだか締まらないと思っていたら、ご主人から「濃いめの色にしたら？」と提案が。そんなプロセスから、白いタイルやワークトップが生きるよう、ダークグレーをポイントに使おうというアイディアも生まれました。その話を担当者に伝えると、ショールームに偶然、ほぼ同じ配色のオープン棚があり、あまりにもイメージにぴったりで驚いたこともあったそう。

1		3
2		4

1 キッチンの細部に関しては奥さまにまかせていたというご主人。「彼女がキッチンに求めるものをすべて手に入れた満足感が伝わってくる」と話してくれました。**2** 引き出しやスライドテーブルを駆使した収納。「これまでは奥にあるお皿を取り出すのが億劫だったけれど、今は使いたいものをさっと出せるようになりました」。**3** 背板がダークグレーのオープン棚は、お気に入り雑貨のディスプレイスペース。白いメトロタイルとの相性も抜群で、カラフルなアイテムが映えます。**4**「ドアトゥドア、片付け楽々キッチン」と奥さまが呼ぶお気に入りポイントがこちら。食洗機の真向かいに日常使いの食器用の引き出し収納があり、洗い上がった食器を一歩も動かずにしまえます。腰をかがめずに出し入れできる高さもポイント。

奥さまが「本当に楽しくて幸せな時間だった」と語る細かい打ち合わせを経て、思い描いていた通りのキッチンが完成。色や形や素材の違いを楽しむ、心地よいミックス感と、空間を仕切らずにスペースのゾーニングで快適さを追求した住まいらしい、抜け感のあるデザインに仕上がりました。時間をかけたリサーチや納得のいくものを根気よく探し出した成果です。

「このキッチンがあるからうちなんだな、と思えます」と、笑顔の松田さん一家です。

撮影が終わり、お昼ごはんの支度が始まると、お姉ちゃんのNちゃんと弟のAくんがキッチンにやってきました。Nちゃんは小さなまな板とナイフを自分で出して材料をカットし、Aくんは葉っぱをちぎって、お母さんのお手伝いです。

2人は夕食のお手伝いもよくしてくれるのだそう。フライのパン粉をつけたり、ハンバーグを丸めたり。自分で下ごしらえをした料理はとてもおいしいと話してくれました。

ダイニング側のカウンター下の開き戸の1つは、子どもたちのマグを収納したスペース。ランチョンマットもお箸も、自分のものは自分で出し入れする習慣です。洗い終わった食器の片付けも自分で。食洗機から食器を出してしまってくれることもあります。

Nちゃんはすでに腕を上げ、すっかり料理が大好きになりました。お母さんと楽しく料理して毎日のごはんを食べる。この経験の積み重ねは将来、きっとすばらしい財産になるのでしょう。

Q1_キッチンで重視したことを3つ挙げると?
①収納と片付けのしやすさ、②子どもとコミュニケーションのとれる場所であること、③オープンな空間の中にあって私らしい場所と思えること。

Q2_お得意料理、家族の好きな料理は?
普段の食事は、和食が多いです。土鍋で炊いたごはんといりこだしのお味噌汁、よい食材をシンプルな味付けで調理したもの。グラタンやラザニアやパスタも好きです。家族みんな好みが少しずつ違うので、本当にいろいろ。

Q3_印象的だったエピソードはありますか?
工事中、担当のIさんが現場の写真を送ってくださったことがあり、キッチンができ上がる前の写真を見て、こんなふうにつくってくれるんだ、苦労しただろうなと感謝の気持ちでいっぱいになりました。皆さんがいたから、このキッチンができたんだと思いました。

Q4_どの位置からの眺めが一番好きですか?
ダイニングに座って、キッチンに立つ妻と子どもたちが笑い合っているのを見るとき(ご主人)。キッチンに立って、ダイニングにいる家族を眺めているとき。あと、夜に1人で棚に向かって、ディスプレイの模様替えをしているときも幸せです(奥さま)。

Q5_オーダーキッチンのよさを一言で!
満足感、納得感。

ダイニング側からは見えない位置にある、天井まで容量たっぷりのパントリー。快適なキッチンを裏で支える存在です。

Data

住居形態:コーポラティブハウス
間取り:ワンルーム
キッチンのタイプ:I型　ペニンシュラ

> Point

ペニンシュラキッチンと背面収納をオーダー。キッチンに使えるスペースが台形だったので、背面収納の奥行きを変え、収納量と見た目のよさの両方を実現しました。

ディスプレイを引き立てる背景色は

キッチンのフォーカルポイント、オープン棚の背板にダークグレーをセレクト。この色にしたことで、吟味した器や雑貨を引き立てる絶好のステージになりました。

ハンギンググリーンが空間に楽しさを

キッチンを飾る楽しさも満喫している松田さん。ペンダント照明やモビールに加え、ハンギンググリーンが空間をイキイキと見せています。

Good ideas
from
Matsuda House

ゴミ箱も食器用洗剤も見えない場所に

シンク下の深い引き出しに、ゴミ箱を2つ並べてビルトイン。ワイヤーラックをつけて、食器用洗剤やスポンジも使わないときはここへ。

オープンキッチンのコンロには…

ガスコンロがダイニング側に向いているので、油はね除けのついたてを。オープンキッチンに必要不可欠な工夫ですが、もちろんこまめなお掃除も欠かせません。

Chapter 2

Our Precious Time

S House

食卓の豊かさが育てていく
かけがえのない家族の時間

収納たっぷりのペニンシュラカウンターにコンロ
を設置。ダークに着色したチェリー材の扉と白い
人工大理石のカウンタートップがスタイリッシュ。

シンクの隣は小さなディスプレイコーナー。「私にはこれくらいの棚がちょうどいい」とSさん。キッチンの素敵なフォーカルポイントになっています。

「家族の楽しい思い出ができる家。
それをつくるのは今だと
思いました」

| Name

H•Sさん

家族構成:
夫婦、男の子1人

1		3
2	4	5

| Profile

デンマークに本社のある企業で働くSさん。社員食堂に北欧の名作照明や名作椅子がある環境、現地の同僚の家を訪ねた体験などから、自然とインテリアにも影響を受ける。「趣味は家族」というご主人と小学生の男の子との3人暮らし。

1 白を基調に、ダークブラウンの木目とアースカラーのモザイクタイルがアクセント。照明や小物選びにも北欧のエッセンスが。**2** 振り返る動作の多いⅡ型キッチンなので、床はお手入れしやすくナチュラルな風合いの石タイルに。**3** コンロの隣に壁を隔てて冷蔵庫があり、その奥がパントリー。料理本や家電置き場も兼ねています。手前のドアでリビングからもアクセスできる位置。**4** リビングからそのドア越しに見える、お気に入りの窓辺の風景。**5** 配管の関係で奥行き15cmしかとれない場所も有効活用。バーをつけてミトンや鍋敷きをハンギング。

「おしゃれな家にしたいとか、人に見せたいキッチンにしたいとかじゃないんです。今の日々を心地よく過ごせる家、使いやすいキッチンにしたいんです」。平日は朝6時に出勤するというワーキングマザーのSさんが、リフォームの最初の打ち合わせで語った言葉です。

「息子が大人になったときに『うちの母ちゃん、怒るとこわかったけど飯だけはうまかったな』と思い出してほしい」……そんな楽しい食卓を囲む家族のかけがえのない時間。それを手に入れるために子育て真っ最中の今、キッチンを中心とした住まいのリフォームを思い立ったのだそう。重視したのは、使いやすい収納と動線、床を無垢材に張り替えること。打ち合わせが進むうちに、キッチンのⅡ型レイアウト、質感のあるタイルのポイント使いなど、次々に細部が決まっていきました。

以前のキッチンは、ダイニングに向かって「のぞき窓」のような開口がついた、分譲マンションによくあるタイプ。小窓はありましたが、南側と東側にある大きな窓からの光は届きませんでした。そこでダイニングだった位置にキッチンを移し、もとキッチンはパントリーに。リビングだった位置がダイニングになり、もと和室までリビングを広げました。そこから寝室に抜ける通路を兼ねたウォークスルークローゼットを新設。この間取り変更でデッドスペースがなくなり、広く感じられるようになったそう。そして、ダイニングにいる家族の気配を感じ、明るい窓越しに外の緑を眺めながらキッチンに立てるようになりました。

収納スペースは以前も多めでしたが、たくさん持っている器や調理道具を積み重ねたり詰め込んだりしていて、使いきれないうえに把握も難しい状況でした。2列のカウンターに造り付けた引き出しや細部までくまなく活用した収納、天井までのパントリーの棚などで、すべてきちんとおさまりました。リフォームしたら、大好きな器がちゃんと日常で使えるようになり、買っても買っても満足できなかった「器欲しい病」がぴたりと治ってしまった、とSさん。自分にフィットした住まいを手に入れたことで得たものは本当に大きかったそうです。

Data

住居形態：マンション
間取り：3LDK＋WIC → 2LDK＋WIC×2
リフォーム範囲：全面
キッチンのタイプ：Ⅱ型　ペニンシュラ

> Point

以前の「のぞき窓」キッチンを、明るい窓に面したシンクとダイニングに向けたカウンターのあるオープンキッチンへ。和室をなくし、リビングから寝室に抜ける動線も確保。

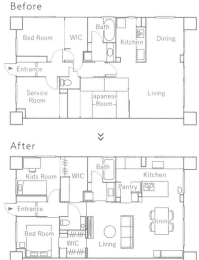

Before

Bed Room　WIC　Bath　Kitchen　Dining
Entrance
Service Room　Japanese Room　Living

After

Kids Room　WIC　Bath　Kitchen
Pantry
Entrance
Bed Room　WIC　Living　Dining

1
2

1 リビングの壁は1面だけグリーンがかったグレーにペイント。家具や建具の色によく似合っています。向かって左側の引き戸を開けると、寝室に抜けられるウォークスルークローゼットがあります。寝室で使うものも、リビングで使うものも収納できて便利。**2** グレーの引き戸の向こうはパントリー。以前の間取りでは、ソファのあるあたりに和室があり、キッチンカウンターのあたりにダイニングテーブルを置いていました。大胆な間取り変更で、南と東の2方向からの光がよく回る、明るく広々としたLDKに変身。

リフォーム当時小学2年生だったOくんは今6年生。4年半ほど経ちましたが、この家になってから、ご家族はどんなふうに過ごしているのでしょうか。

「主人は以前から食事の片付けを担当してくれていましたが、食洗機が大きくなり、とても快適だと言っています。毎回、シンクをきれいに洗ってくれるんですよ」。

ていねいに作った料理を、それに合った器に盛り付けて家族で楽しくおいしく食べる時間。その価値を、Oくんがよく理解していることを感じるできごとがありました。「小学4年生のとき、主人の誕生日に『お寿司を握ってあげたい』と息子が言い出して。手巻きじゃなくて、お寿司屋さんみたいにこのカウンターで、息子が私たちに握り寿司を作ってくれました」。

キッチンの扉やオーク材の床には、生活するうちに小さな傷やしみもついてきましたが、それもなんだかうれしくおおらかに見られるようになってきたというSさん。「3人の空間になってきて、肩肘張らずにここが自分の居場所と思えるようになってきたのかな」。Oくんは折にふれ、自分はこの家がすごく好きだと口にするそう。「今、この家で過ごしているこういう記憶が彼の中に残っていったら、すごく満足です」とSさんは語ってくれました。

```
  | 1 |      |
  |___|   | 4 |
  | 2 | 3 |
```

1 家族の顔を見ながら料理が出せるこのレイアウトは即決だったそう。**2** 家族みんなが大好きだという、キッチンにポイント使いしたヘキサゴンタイル。温かみのある色と質感にほっこりします。**3** 以前のキッチンからは見えなかった、ウッドブラインド越しのグリーン。キッチンに立ったときに目にする光景も大切。**4** 料理や器で気持ちを豊かにする。そのことがわかる感性が、確実に育っています。

Q1_インテリアの影響は何から?

デンマークの会社の同僚の家を訪れて、照明の使い方や、ほっこりとした家時間を大切にするところなど、大きな影響を受けました。

Q2_理想の休日の過ごし方は?

一日中キッチンにこもってパンやお菓子を焼いたり、料理をする日常がそのまま理想です。

Q3_今回のリフォームで印象的だったエピソードは?

床の色を決めるとき、家具と同じくダーク系の色がいいかな……と考えていたら、担当のIさんが「こんな感じもお好きじゃないですか?」とオーク材をすすめてくれて、それがすごくしっくりきて感動しました。自分では気づいていない望みを見抜いて、客観的にズバッと提案してくれたこと、言葉を尽くすのではなく感じとってくださったことがすごいなと思いました。

Q4_オーダーキッチンのよさを一言で!

自分色、自分の好きにできること。その人だけの心地よさを形にしてもらえること。

Q5_これから目指すことは?

少しずつ暮らしをシンプルにしていきたいです。本当に好きなものを大事に使って、大事に暮らしていきたい。そういう考え方ができるようになったのは、リフォームしたからだと思います。

|1|
|2|3|

1 寝室の隣は、リビングまで通り抜けできるウォークスルークローゼット。**2** トイレの手洗いカウンターに、大好きなオレンジ色を採用。「小さなスペースなので思い切った色を使いたいと思って」とSさん。**3** ベージュの濃淡と白、3色のランプ型タイルを洗面室に。三面鏡スタイルのミラーが使いやすい。

幅30cmの大活躍スペース

配管の隣のスペースを利用して、スライド式の食品庫をつくりました。幅30cmほどですが収納量はたっぷり。ラベリングした保存容器を駆使して、中身が一目瞭然。

吊り戸棚にもとっておきの工夫が

シンク左上の吊り戸棚の中は、大皿を立ててしまえるよう仕切りを設け、側面にはまな板やざるを置けるステンレスラックを。少しくらいなら湿っていても気にせず置けて便利です。

Good ideas
from
S House

とにかく器が取り出しやすい！

北欧の食器から作家物まで「売るほど器を持っている」というSさん。すべてがすっきりおさまり、取り出しやすい引き出しに大満足です。楕円形や変形の大皿もこの通り。

トレイを縦に並べる新発想

お盆やマット類もたくさん持っているので、重ねると下のものが取り出しにくいことに困っていたそう。そこで、引き出しを縦に仕切り、さっと取り出せるようにしました。

Chapter 2

Our Precious Time

A House

収納と作業スペースもたっぷり。
ダイニングと一体化して
動線も抜群!

キッチンカウンターにぴったりつけて配置
したダイニングテーブル。普段の家族の
食事はこのレイアウトで、ゲストが来ると
きはカウンターから離して使います。

「食べ盛りの男子2人のお弁当と食事を
毎日作る、ヘビーユースキッチンです」

| Name

Y・Aさん
家族構成:
夫婦、男の子2人、犬1匹

| Profile

2世帯住宅で、一戸建ての2階と3階がAさんの住まい。建築家の設計による素敵な家ですが、キッチンの使い勝手を向上させるため、新築から11年後にダイニングキッチンをリフォームしました。

1	2
3	4

1・2 シンク前にはあえて壁を新しく設けました。キッチン側にはナイフマグネットを設置。リビング側から見るとオープンな空間を保ちつつも冷蔵庫や奥の収納が目につかない格好の目隠しに。大好きな色合いのタイルが空間のポイントになっています。**3** 収納扉の面材は、ダイニングから見える位置はやわらかな色のホワイトバーチ、アイランドカウンターの内側はシンプルな白。**4** コンロ前の壁は大判のタイル。床と同様、汚れの目立ちにくいグレーの目地に。

家を建ててから11年間、既存のキッチンを使ってきたAさん。食べ盛り、育ち盛りの2人の息子さんの朝ごはんとお弁当を同時に作る際、どうしてもスペースが足りないことに悩んでいました。ラグビー部で活躍する男子なので、食べる量も相当なもの。学校の関係で兄弟が高1と中1のとき同時にお弁当がスタートすることがわかったその前年、塾弁を作りながら「来年からもっと大変になるし、このスペースではさすがに厳しい」と思ったのだそう。

オーダーキッチンを実際に見られる見学会に参加して「こんなこともできるんだ」とカスタマイズの可能性に驚き、依頼を決定。もっと広くて使いやすい、ダイニングとつながり感のあるキッチンにしたい、というのがAさんのリクエストでした。

もとの間取りでは、今のパントリーの位置に背面収納があり、平行する形でシンクとコンロが並んでいました。キッチンからダイニングは見えるものの、テーブルに行くにはキッチンを出て回り込む必要がありました。今のレイアウトは、シンクとコンロの間に立てば冷蔵庫にもパントリーにもテーブルにもほんの2、3歩で移動できます。

2列のカウンターには作業スペースもたっぷり。朝から3合のごはん

を炊き、仕上げたおかずとともに2つのお弁当箱に詰め、おにぎりもプラス。お弁当を冷ましている間に人数分の朝食のトレイを出し、お皿を並べて朝食を盛り付ける……そんな作業も余裕です。

収納もばっちり。一度に作る量が多く、回転も速いヘビーユースのキッチンなので、同時進行でたくさんの作業があり、使う道具も多様。鍋やフライパン、調理道具はもちろん、調味料のボトル類やラップ、保存容

器、食材のストックや掃除道具も多めに必要です。細かくサイズを設定したカウンターの引き出し収納とパントリーに、それぞれの行き先がぴたりと決まってからは、カウンターにものを出しっぱなしにすることがなくなった、とAさんは言います。

自ら5色の組み合わせを考えたタイル壁が素敵なアクセントの整った空間は、涼しい顔して働き者。優しい笑顔でガッツリ男メシをどんどん作る、Aさんご自身のようです。

1 | 2
|---
  | 3

1 もともとキッチンのあった場所を大容量の
パントリーに。隣に冷蔵庫、オーブン収納
が1列に並びます。**2** Aさんがとても気に入っ
ているという、大型オーブンがおさまるトー
ルキャビネット。使わないときはフラップ式
の扉を下ろしてすっきり。**3** パントリーはワイ
ヤーラックや広くて浅い内引き出しを組み合
わせて、さっと取り出せる工夫を。

1 ──┐
    ├─ 2
────┘

1 シンクと食洗機のついたアイランドカウンターは、収納も充実。シンク下の収納は2段に分かれていて、上にはお米やボウル、下には洗剤やラップ、保存容器など、毎日使うものがぴたりとおさまっています。**2** カウンター上がすっきりしているのは、たっぷりの引き出し収納のおかげ。調味料、ボトル類、調理道具に食器類と、すべて理由のある幅と高さで設計されています。

一日の料理を終え、片付けも完了して、ダイニングテーブルの指定席に座ってほっとくつろぐのが、幸せなひととき。ワインを飲んだり、ちょっとだけ甘いものを食べたり、愛犬モコちゃんと遊んだりしてリラックスします。

休日もお弁当を作って、息子さんの試合の観戦に行くことが多かったAさん。通学も試合もままならなかったこの春を過ごし、毎日お弁当を作るって、とても幸せなことなんだなと思ったのだそう。「数えてみたらあと7年しかできないこと。これからも1年1年を大切に過ごしたいと思っています」。優しく強いお母さんの笑顔でした。

Data

住居形態：一戸建て
間取り：3LDK＋WIC
リフォーム範囲：ダイニングキッチン
キッチンのタイプ：Ⅱ型　アイランド

＞ Point

以前はシンプルなⅠ型で、作業スペースが少ないのが悩みだったAさん。スペースを広げ、冷蔵庫やオーブン、パントリー、ダイニングテーブルへのアクセスのしやすさも両立。

Before

After

季節の花をキッチンに飾る、美しい習慣。ものの指定席がき
ちんと決まっていて、「散らからない、出しっぱなしにならな
いようにつくられているキッチンです」とAさん。

Lifestyle Questions

**Q1_好きなインテリアテイストはあります
か？**
特定のインテリアスタイルはありませんが、
シンプルで明るい雰囲気、色で言うとグレ
ージュが好きです。

**Q2_リフォーム後のキッチンで気に入って
いるポイントを3つ挙げると？**
広さと動線のバランス、モザイクタイルの壁、
紙袋専用の収納です。

Q3_リフォーム中に印象的だったことは？
1カ月間、住みながらのリフォームだったの
で、毎日通ってきてくださる職人さんたちと
すっかり仲良くなったこと。毎日少しずつ新
しいところができていくのがうれしかったう
え、みんないい方で、とても楽しい時間で
した。最後は親戚のおじさんのように思えて
きて、別れるのが寂しくて仕方ありませんで
した（笑）。

Q4_ お得意料理は？
肉じゃがや油淋鶏など、ガッツリ男メシをよ
く作ります。

**Q5_オーダーキッチンのよさを一言で言う
と？**
本当に細かいところまで、思い通りにカスタ
マイズできること。

冷蔵庫をマグネットだらけにしない

大きなオーブンなど、家電を収納しているトールキャビネット
の側面をマグネットボードに。ダイニングから見えないうえ、
小さなメモを冷蔵庫に貼らずにすみます。

普段使いはオープン収納で

冷蔵庫の隣は、あえて扉をつけずオープンな棚にしています。
毎日使うコーヒーメーカーやオーブントースターのほか、Aさ
ん宅では出番の多い蒸し器やホットプレートも。

Good ideas

from

A House

紙袋専用の収納はおすすめ！

リフォーム見学会で見て、絶対に欲しい！と思ったという紙
袋入れ。扉を手前に引き、さっと取り出すツーアクション。
量も一目で把握でき、取り出しにくさのストレスも解消。

キッチンのフロアは磁器タイル

キッチン全体を明るく見せ、ダイニングとのゾーニングの役
割も果たしている磁器タイルの床。お掃除しやすくて快適だ
そう。モコちゃんもお気に入りです。

オーダーキッチンをつくる人たちのこと

キッチンの設置工事は、既製品のシステムキッチンなら、運んできてポンッと置いてちょっと留めて……という感じで、よほど大きなものでない限り、1日で完了します。ところがオーダーキッチンの場合は、規模にもよりますが、搬入から取り付けまでに3〜4日かかることもあります。

キッチンの搬入直後は、荷物が広いLDKを所狭しと占領し、住みながらの場合は皆さんびっくりするほどです。1つ1つのキャビネット、食洗機やオーブンなどの機器類は、しっかり梱包されていて、収納の箱と引き出しは別々に置かれてかなり場所をとるし、ワークトップの重さは大の男が数人がかりでやっと持てるくらい。搬入だけでも一苦労なのです。

工事現場で搬入も大変となると、力仕事がメインというイメージを持たれるかもしれませんが、その一方で、実は作業の8割は細かい手仕事、いわゆる職人技です。壁や天井との隙間や、微妙な寸法をぴったり正確におさめるためには、カンナや玄翁（げんのう）というカナヅチのような、昔ながらの大工道具も頻繁に登場します。これらの作業は、0.1ミリ単位の精密な世界。伝統技能とまではいきませんが、修業を積んで身につける技術の1つです。

板の木目やカウンターの継ぎ目は、少しでも狂うと目立つもの。大きなワークトップともなると、ほんの数ミリですが反りもあって、机上での計算だけではおさまりません。あちらを合わせればこちらが合わずと、素材と対話しながら神経をつかう細かい作業が続きます。

また、図面を見ながら計算するシーンも多々。電卓を使わずに足し算引き算、体だけでなく、頭もけ

っこう使うのです。その計算方法は独特で、職人さんって算数勝負だな、とつくづく思います。

もちろん体力勝負という面も。大変なのは、なんと言っても夏の暑さです。小規模なリフォームなら、エアコンが効いた室内でという場合もたまにありますが、たいていは、窓を開け放って、うだるような暑さの中での作業となります。新築の場合は養生シートで覆われて風も通らず、まさに蒸し風呂状態。そんな中、汗を吸い込んだTシャツを絞りつつ、何枚も着替えながら作業する職人さんたちには、本当に頭が下がります。

施工の現場以外にも「つくる人」はいます。それは、キッチンの家具工場の職人さんたち。複雑なつくりの場合には直接出向いて確認することもありますが、現場と違い、私たちが工場での製作に立ち合うシーンはごくまれです。その分、図面のやりとりを密に行い、お互いの意図を正確に伝える必要があります。大きな機械を使うシーンもあれば、手作業で無垢の板を組み合わせていく細かい作業も。こちらも繊細さが必要な仕事です。

聞くところによると、最近は釘が打てない大工さんもいるのだとか。実際、釘を1本も使わずにあっという間にできてしまう、工業製品のような家もあるからです。

どちらがいい悪いということではないのですが、その人のために一から考えて、その人に合う寸法で図面を描いて、その人のために手を動かす職人さんが、1つ1つつくり上げていく家、技術を使う手仕事をこれからも減らしたくないな……現場に行くといつも思うことです。　　　　　　（リブコンテンツ）

Chapter

3

家族のパワースポット、
キッチン中心の住まい

キッチンが我が家の中心！料理が好き、食べることが好き、家族や仲間と集まることが好き、おもてなしが好き……そんな人たちがリフォームをすると、幸せの象徴のような個性あふれるパワースポットができ上がります。

Happy

Lifestyle File 007

太田敏晴さん、桂子さん

Lifestyle File 008

佐野真彦さん、美奈さん

Gathering Kitchen

Happy Gathering Kitchen
Ohta House

料理と花と、猫たちと。
幸せな時間を共有するリビングキッチン

広々とした開放的なLDK。以前は窓側に
あったもう1つの部屋をキッチンにつなが
る空間にして、ぐんと明るくなりました。

「私たちの好きなことが集約された
オープンで気持ちのいい
空間になりました」

| Name

太田敏晴さん、桂子さん
家族構成:
夫婦、猫3匹

| Profile

別々の職場に勤務する共働きのご夫妻ですが、
週のほとんどは晩酌をしながら一緒にごはんを
作って食べる素敵な日常。料理と食とワイン、
猫たちとバラと、好きなことも共通です。

1「今日何食べる?」から始まる2人の会話。毎日の食卓を心から楽しみ、大切に共有することが一番のコミュニケーション。2 ご主人の趣味はバラ栽培。ベランダで育てているバラは現在約70種あり、折々の美しい花を奥さまが撮影して、毎年フォトブックを作っています。3・4 撮影にも積極的に参加してくれた元気いっぱいのアビシニアンの兄弟、テラとマルス。愛猫はもう1匹、シャイな性格の女の子ルナもいます。

　分譲マンションに入居して11年。住み心地に特に大きな不満を持っていたわけではないけれど、訪れた友人宅の素敵なキッチンを見て、リフォームしたいなと思い始めたという太田さん。その友人から「きっとあなたに合うと思う」と紹介されたのがリブコンテンツでした。大の料理好き、おもてなし好きで、家に人を招いてホームパーティをする機会も多く、「これからの人生をもっと楽しむために、長い時間を過ごす

キッチンを明るく気持ちのいい空間にしよう」と思い立ったのだそう。
　もとの間取りは3LD＋K。東向きの掃き出し窓が3つあり、6畳の洋室とリビング・ダイニング、和室から光の入る明るい家ですが、キッチンには窓がなく、壁を隔てた空間でした。
　そこで6畳の洋室を取り払い、キッチンからリビング、窓辺まで一続きの壁に。この6mのタイル壁がLDKの顔になりました。間接照明の

光を落としたかったので、陰影が楽しめるマットで凹凸のある素材を吟味したそう。「コンロ前も同じ壁になるので、油汚れにも対応できるという相反する条件を満たす素材を探して、ショールームをあちこち回ったのもいい思い出です」と奥さま。お使いのキッチンに1カ月おいてテストしてから使用を決めたタイルは、とても素敵な風合いです。

新しいキッチンになって、料理する時間がさらに楽しくなったし、家が自然ときれいになるのが発見だった、と奥さま。「あまり掃除が好きじゃなかったんですが、きれいな状態をキープしたいので、まめに拭くのが自然と習慣になりました」。朝、それぞれのお弁当を作った後、カウンターをさっと拭くだけ。この状態が普通になると汚れないんだとわかったそう。

　ご主人も料理をするので、以前のL字形レイアウトでは2人の立ち位置がとれませんでしたが、今は万全です。太田家の夕食は、2人で飲み始めながら前菜を作り、それを一度食べてから席を立って、火を通すだけにしておいたメインディッシュをさっと作り、また席に戻って食べる、というスタイル。奥さまが火入れや盛り付けをしている間にご主人がお皿を洗ってくれるので、食洗機はありません。「キッチンからダイニングまでの移動、歩く距離は変わらないけれど、動線が断然よくなりました」。

1	2	4
	3	
	5	6
	7	8

1 コンロから壁を隔てた隣はパントリー。細かく分けた棚と収納グッズを駆使して、調理道具をきちんと分類。奥の洗面室に抜けられる動線です。**2・3・8** たっぷりの引き出し収納で、箸置きやカトラリーから大皿、鍋類まで、カウンター下の適所にきっちりおさめて。**4** リビングと一続きの壁には温かな白の石タイルを。コンロ前の使用でも、普通のお手入れで問題ないそう。**5** さりげなく絶妙な場所に電源が。**6** 天板の素材と高さを変えて、キッチンとリビングを仕切っています。**7** ホワイトバーチ材の優しい木目が白いキッチンによく似合います。

キッチンから一続きのリビングの壁には、カウンターを造り付けました。リビングボードとデスクを兼ねていて、ちょっとした書き物やパソコン作業もできるスペースに。つながり感を持たせつつ、奥行きと高さ、天板の素材を変えることで、ゾーニングの役割も果たしています。

「素材もサイズも、本当に自由に好きなものを選ぶことができました。自由度の高さゆえに、選択肢が多すぎて迷うこともありましたが、そこも的確にサポートしていただいて。キッチンを中心とした明るく快適な空間が欲しいという望みが叶って、とてもうれしいです」。

1 猫がいるので、壁面ディスプレイは最小限に。効果的に配置されたオープン棚に写真やグリーンを飾っています。**2** 和室はあえて残しました。LDKと一続きでも違和感が出ないよう、建具を白くペイントし、縁のない琉球畳に変え、壁の1面をシックなグレージュに。和と北欧のミックスマッチのような空間になりました。**3** LDK入り口から東側の窓を見て。**4**「アイランドカウンターとダイニングテーブルの距離感がちょうどよく、動線もスムーズです」と奥さま。

Data

住居形態：マンション
間取り：3LD＋K → 2LDK
リフォーム範囲：LDK、和室、トイレ、WIC
キッチンのタイプ：Ⅱ型　アイランド

> Point

キッチンとLDの間の壁と東南にあった6畳の部
屋をなくし、和室も合わせて東側の3つの窓から
明るい光が差し込む、広いオープンキッチンに。

Before

Stock
Japanese Room
Living Dining
Kitchen
Bed Room

After

WIC
Japanese Room
Dining
Living
Pantry
Kitchen

Q1_リフォームで重視したポイントは？
①素材感、②キッチンとLDとのつながり、
③収納の充実。

Q2_お好きなインテリアテイストは？
シンプル、モダン、北欧スタイル。

Q3_お得意料理は？
パテ・ド・カンパーニュ、パエリア、かぼちゃのプリン。ステイホームがきっかけで作り始めたパテ・ド・カンパーニュは、我が家の定番になりました。SNSにアップしたら、友人たちから作ってとリクエストが。週末にまとめて作っては、宅配便で配送しています（笑）。

Q4_印象に残っているエピソードは？
プランを固める打ち合わせの中で、担当のOさんがご自身のキッチンを見せてくださったこと。ご自宅まで案内してくださるお心づかいがとてもうれしかったです。インテリアもすごく素敵でした！

Q5_オーダーキッチンのよさを一言で！
自由度の高さ。

1 以前、和室に置いていたローテーブルを加工して、トイレの手洗いカウンターに。壁紙やミラー、水栓金具や配管までトータルで素敵なシーン。**2・3** 人が大好きなマルスとテラ。リビングの窓際のキャットタワーのみならず、家じゅうにお気に入りの場所があります。太田さんの宝物を聞くと、「一緒に暮らす3匹の猫たちです」と即答。

エアコンをおしゃれに隠すルーバー

壁付けのエアコンはどうしてもインテリアの雰囲気を損ねてしまうもの。そこで、梁の奥行きに合わせたルーバー状の壁でカバーしました。

フラットな備え付け水切りラック

食器は手洗い派。食べ終わったらすぐに洗うので、少量を伏せておける小さめの水切りラックが重宝。天板との段差がなく、鍋やまな板を置いてもカウンターが広々と使えます。

Good ideas
▶ from ◀
Ohta House

床材を切り替えてゾーニング

Ⅱ型のキッチンは振り返る動作が多いので、どうしても床が汚れがち。キッチン部分だけタイルの床にしてメンテナンスしやすくしました。

猫と暮らす家のディスプレイ

部屋じゅうを軽やかに飛び回る猫ちゃんがいるので、ディスプレイは潔く最少限に。このくらいシンプルでコンパクトなオープン棚が最適です。

Happy Gathering Kitchen
Sano House

いつでもホームパーティが始められる！
シェフズキッチンのようなおもてなし空間

最低限のアイテム以外、ものが一切外に出
ていない佐野さん宅のLDK。そしてなんと、
ダイニングテーブルがありません。大きな
ペニンシュラカウンターから張り出したテー
ブルが、家族のダイニングです。

「思い描いた通りの
キッチンがメインの家になりました」

Name	Profile
佐野真彦さん、美奈さん 家族構成： 夫婦、男の子2人	共通の趣味は、食べることとお酒。料理好きのご夫妻ですが、普段の料理は奥さま、おもてなし料理はご主人と大まかに役割分担しているそう。小学生と中学生の男の子がいます。

1	2	3
	4	5
	6	7

1・2 パープルのニュアンスのあるグレーとさわやかな白、ポイントに黒を配した美しいカラースキーム。奥さまの服の色までぴったり！ **3** トールキャビネットの上段左側はワイングラス、右側は日用品。収納グッズにグレーを選んでいるのもさすが。**4** ご主人専用の名入り包丁は、大阪・堺の職人さんに特注した、奥さまのお母さまからのプレゼント。**5** コンロ下の収納はオープンな引き出し式ワイヤーラック。普段使いの鍋とフライパンをここに。**6** まな板置きにふきん掛け。ものを出しっぱなしにしないために、カウンター下は考え抜かれた設計。**7** 担当スタッフが描いてくれたキッチンの完成予想イラストが飾られています。

LDKに入ると、テーブル部分を含めて全長3mの大きなカウンターに目を奪われます。グレーのセラミックのワークトップから45cmほど張り出したカウンターテーブル。片側に椅子が3脚、余裕で置けるサイズです。

せっかくお願いするなら「キッチンがメインの家にしたい！」と2人の意見が一致して、スタートした打ち合わせ。「お望み通りキッチン中心の家にできますが、ここまでキッチンメインにして、住む人としては本当にいいんですか？と逆に聞かれてしまいました」と笑うご夫妻。

「3案ほど出していただいたんです。その中に、キッチンカウンターがテーブルを兼ねるプランがあって。ダイニングテーブルを置かないって、本当に大丈夫なの？と思ったけれど、我が家のスタイルにはしっくりきた。このプランにして大正解でした」。

1	3
2	4

1 テーブルを囲む子どもたちに、切り分けたローストチキンを振る舞うご主人。レストランのシェフのよう。**2** Ⅱ型レイアウトになって、2人の作業が断然しやすくなったとか。**3** 家族ぐるみのおつきあいの友人夫妻と乾杯。料理を作りながらゲストと語らい、一緒に飲めるキッチンなのです。**4** 父と子の料理談義、夫妻の連携プレー、次々と手際よく仕上げられるおもてなし料理……。キッチンを囲んで、楽しいシーンがいくつも繰り広げられます。

「以前の間取りではキッチンが隔離されていたので、料理を作り終わらないとみんなのところに行って飲めなかった。今は相手と話しながら、飲みながら料理できるのが最高です」。料理を作って人に喜んでもらい、一緒に飲むのが大好きなご主人の言葉です。

この日は仲良しの一家を招いてホームパーティ。子どもたちも含めて総勢8人分の料理に腕を振るうメイン担当は、もちろんご主人です。前菜からメイン、デザートと流れるように作業が進み、その過程を目の前で見られることに子どもたちも大喜び。にぎやかな会話が弾みます。

こんなとき、奥さまはアシスタントに徹するのだそう。調理道具や器を出したり、使い終わったものをさっとしまったり。手際も鮮やかで、カウンターの上には常に使うものしか出ていません。

Lifestyle
Questions

Q1_一番奮発したのはどこですか？

セラミックの天板です。とても丈夫で、熱にも衝撃に強く、お菓子や麺類の生地をこねるのに使えると聞いて選びました（奥さま）。

Q2_予想と違っていたことは？

ミーレの食洗機を入れるとき、頻繁に洗うし小さいサイズでいいかなと当初は思っていましたが、思い切って60cmサイズにしてよかった。食洗機に全部入れといてくれればいいよ、と言えることで本当に気が楽になりました（ご主人）。

Q3_得意料理は何ですか？

海老のクリームパスタ、桃のカッペリーニなどイタリアン系、おでんや牛すじの煮込みなど和食、お酒がおいしく飲める料理なら（ご主人）。子どもたちが大好きなのは、豚汁です（奥さま）。

Q4_これから挑戦したいことは？

子どもたちとうどんを打ちたい（ご主人）。部活に励む子どもたちのために、体づくりができる料理を改めて学びたいです（奥さま）。

Q5_オーダーキッチンのよさを一言で！

初めての経験でしたが、使い勝手のよさは想像以上。いろんなことが楽になります。これを知らないのはもったいないです。

　大勢のゲストをもてなした後も、すぐにもと通りのすっきり空間に。片付け上手なのは以前からなのでしょうか。

　「もともときちんとしまいたいタイプではありますが、以前は出しっぱなしにしているものもありました。いい意味で背筋が伸びる空間なので、常に整理整頓するようになったと思います。子どもたちにも『この部屋では出しっぱなしはだめ』と言ってあるんですよ」と奥さま。ソファと椅子以外の家具は処分し、家電や雑貨も新しいインテリアに合わせて買い換えたそう。10年住んだ後のリフォームなので、いろいろな意味でリセットにもなったようです。

　適材適所のオーダーメイド収納も、すっきりした空間をキープするのに欠かせない存在。市販のボックスやケースを上手に組み合わせて、収納スペースを自分流に工夫しているのも秘訣と言えそうです。

1 モノトーンのインテリア雑貨が似合う、すっきりした空間。**2** カウンターテーブルの背面に天井までの収納スペースがとれたので、パントリーとして活用しています。**3** キッチンカウンターとTVボードの間にグレーのトールキャビネットを設置し、ワイングラスや食器、細かい日用品の収納場所に。**4** 夫婦の語らいのひとときには、いつもワインが。**5** 家族や仲間の幸せのパワースポットのような、カウンターテーブルのあるキッチン。

Data

住居形態：マンション
間取り：2LDK＋WIC
リフォーム範囲：LDK、寝室、トイレ、WIC
キッチンのタイプ：Ⅱ型　ペニンシュラ

> Point

料理も食事もできる大きなペニンシュラカウンターがLDKの中心。長かった廊下を一部収納にし、パントリーと寝室のクローゼットを増設。LDKから寝室につながるドアをつけました。

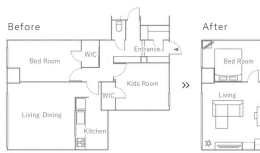

Before

After

　LDKから寝室に直行できるように
ドアの位置を変え、2つあったWIC
（ウォークインクローゼット）を1つ
に集約。トイレも新しくなりました。
寝室は少しだけ狭くなりましたが、
楽しい食の空間と使いやすいWIC
に譲った形です。
　「今回のリフォームでは、キッチン
のタイルやワークトップの素材、水
栓金具、床や収納扉、トイレのタイ
ルなど、選ぶのも楽しかった。2
人の選ぶものがわりと同じで、好み
が似ているんだなと改めて思いまし
た」とご夫妻。キッチンメインの家
の楽しさを、今まさに満喫中です。

1	2
3	

1 寝室のクローゼットのルーバー扉はご主人のお気
に入り。「なんとなくリゾートのリラックス感が出て
いる気がして、好きなんです」。**2** 窓辺には、ニュア
ンスのあるダークグレーのリネンのシェードを。高層
階なので、夜は全開にして夜景を楽しみます。**3** トイ
レの手洗いカウンターのある壁に、モザイクタイル
で立ち上がりをつけました。ブルーやグレー、黒な
どがミックスした、佐野さん宅にぴったりの色合い。

吊り戸棚の中は取り出しやすく

シンク上の吊り戸棚の中も、市販の収納グッズを使って整然と。身長より高い位置なので、手前にハンドルのあるタイプを選んで、取り出しやすく工夫しています。

キャビネットの扉裏にマグネットボード

薬や文房具など日用品をしまっているリビングのトールキャビネットの扉裏は、マグネットボードに。息子さんの学校からの連絡プリントをピンナップしています。

Good ideas

▶ from ◀

Sano House

すっきりリビングを支える裏方

リビングのトールキャビネットには、正面から見えないサイドにも工夫が。パソコンや携帯のコード類、リモコンなどを置けるオープン収納になっています。

TVボードにゲーム専用の収納が

トールキャビネット隣のTVボードの下は、左側が引き出しで書類用、右側がフラップ扉でお子さんのゲーム用。遊び終わったらここへ戻すので、リビングはいつもすっきり。

どちらを対面に？
人気のキッチンレイアウトを考える

シンクとコンロが分かれた形の、Ⅱ型または2列型と呼ばれるレイアウトが、このところ増えてきています。2人以上でもキッチンに立ちやすいこと、人気のアイランドキッチンが限られたスペースでも実現しやすいという理由もあると思います。

床下や天井裏の構造によって、もちろんできるできないはありますが、もし、皆さんがⅡ型キッチンにリフォームすることになった場合、シンクとコンロのどちらを対面に（つまりダイニングやリビング側に）向けたいですか？

少し前までは、圧倒的に「コンロが壁、シンクが対面」が多数派でした。コンロ周りは、油がはねたり、においや汚れが広がったりしやすいので、壁に面しているほうが安心です。一方シンク側は、切ったり混ぜたりの下ごしらえや、後片付けなどの作業がメインになるので、立っている時間が長くなります。特に小さなお子さんがいる場合、子どもの様子を見ながら料理ができるという理由で、人気があったのです。アイランドキッチンを家族や友人たちで囲むときも、作業が多いシンク側をこちらに設けたほうが、一緒にワイワイ話しながら使えるという利点もあります。

ところが最近の事例を見ていると、必ずしもそうとは言えなくなってきました。むしろ、コンロ側を対面にしたいという人のほうが多くなってきた印象です。

理由はいろいろありますが、1つには、どちらをより「見たくない、見せたくない場所」と捉えるかが、人によって分かれてきたことが挙げられます。シンク周りには、汚れた鍋やボウルなどが重なり、どうしても「裏方」という感じが否めません。料理しなが

ら同時に調理道具も洗い、食事の頃には「はい、すっきり！」となれば理想ですが、なかなかそうもいかず……。かといって、温かいうちに食べたいと思うと、シンクに残った汚れものを横目に見ながら食事をすることになってしまうのです。

その点コンロ側は、もちろん汚れとにおい問題に明確な解決策が見つからないことは変わりませんが、揚げたり炒めたりといった料理の最後の仕上げをする場ということもあり、シンク側よりも表舞台的な印象があります。油などの飛び散りも、対面カウンターの奥行きを1m前後とれば、床まで広がることはそうそうありません。

センターフードと呼ばれる、アイランド用のレンジフードのデザインが増えてきたことも要因の1つです。

対面カウンターに少し座れる場所を設ければ、フライパンからそのまま家族やゲストに「はい、どうぞ！」とサーブするシーンもスムーズ。「盛り付けて、そのまま手を伸ばしてさっと出せる」のは、忙しいワーキングマザーにもおすすめです。

ただし、コンロ側を対面にすることには、汚れやにおいの問題以外にもデメリットが。後片付けの際の動線です。食べ終わった食器をさっとシンクに運べるという片付けやすさの点では、シンクのほうに軍配が上がるからです。

「シンクが対面」「コンロが対面」。どちらにも一長一短あるので、ご自身の料理の仕方やライフスタイル、誰とどんなふうにキッチンに立つことが多いのかなどをイメージしながら考えることが大切です。

（リブコンテンツ）

Chapter

4

すべてがオーダーメイド、
思い通りのキッチン

オーダーキッチンは、新築のお宅
など、単体の依頼ももちろん可能
です。ずっとあたためていた計画
や、これまで使ってきたキッチン
のよさも問題点も生かせるのがオ
ーダーメイドの魅力。すみずみま
で自分の好みや使い勝手にフィッ
トしたキッチンのストーリーです。

Lifestyle File 009

———

S・Fさん

Lifestyle File 010

———

いこまゆきこさん

My Dream Kitchen

Chapter 4

My Dream Kitchen

F House

長い間あたためてきた
イメージが実現。
夢を形にした
お気に入りキッチン

光あふれる3階LDKの真ん中に位置するアイランドカウンター。優しい木目の天井とフローリングに合わせた、白とオーク材の組み合わせ。機能がコンパクトにまとまった優秀キッチンです。

「昔からの夢だったオーダーキッチン。
毎日、この空間に
いるだけで幸せです」

| Name

S・Fさん

家族構成:
夫婦、女の子2人、
男の子1人

| Profile

一戸建てを新築する際、かねてからの希望だったオーダーキッチンを実現。SNSに週2回ほど投稿するお菓子とパンの写真が大人気のFさん。中3、小6、小3のお子さんがいます。

1 アイランドキッチンに立つと、左手にダイニング、右手にリビング。文字通りキッチン中心のLDK。**2** 取り出しやすいコンロ下のスライドラックに、普段使いの鍋やボウルを収納。鍋の蓋を立てられるのも便利。**3** コンパクトながら機能充実のＩ型キッチン。背面カウンターにオーブンレンジや調理家電置き場をつくり、ワークトップが散らからないように。**4** ごはん作りに加え、パンとお菓子作りも日常なので、食材収納は考え抜いて。調理道具の棚の隣に普段使いの調味料用の引き出しを。**5** お皿をできるだけ重ねたくないので、棚板の間隔は狭め。自分でサイズを指定しました。

　Fさんが「理想の家」について考え始めたのは、まだ結婚する前のことだったそう。偶然目にしたあるインテリアショップの建物の外観に一目惚れし、いつかこういう家を建てたいと思って、カタログの写真を大切にとっておきました。

　結婚して初めて住んだ家でインテリアが好きになり、家で過ごす時間をていねいに積み重ねていく中で、自分の好きなテイストや、住みたい家のイメージを思い描いてきたFさん。家を建てることになったときには、十何年もあたためてきた、これ！という理想の家のイメージを伝えるために「私の家づくりノート」を作成。好きなものや叶えたいことが写真やイラストと文章でまとめられた一冊です。

　家づくりが始まる数年前から、見学会に参加してリブコンテンツにオーダーキッチンの依頼を決めていたFさんの、念願のキッチンがついに実現する日が近づいてきました。

　手に入れたいキッチンのイメージがはっきりあるだけに、プラン中もFさんの選択には迷いがなく、決断の早さに周囲もたびたび驚くほどでした。細長い空間のど真ん中にアイランドキッチンを設置すると、存在感が出すぎるのでは? そう心配した担当スタッフが、壁付けを提案しても「いえ、アイランドがいいんです」と初志貫徹。「どうしても、アイランドで後ろに棚のあるタイプが

よかったんです」とFさんは笑いながら振り返ります。
　完成の日、階段を上がってきて目の前に現れた、夢のアイランドキッチン。圧迫感はなく、空間にぴったりおさまり、本当に素敵なシーンで、そのときの感動は忘れられないとか。階段から眺めた、アイランド越しの背面収納のビジュアルは、今も大好きなお気に入りポイントです。
　中学生と小学生、3人のお子さん

の子育て真っ最中で、仕事も持っているFさんですが、夜、家族が寝静まった後にお菓子やパンを焼く時間も大切にしているそう。キッチンで過ごす時間が心底好きなのです。
　「オーダーキッチンは、昔からの夢でした。夢をあきらめなくて本当によかったです」とにっこり。心からの「好き」が形になった空間で過ごす幸せを大切に、毎日を過ごしています。

1 ┐ 2
  └ 3

1・2 明るい光が降り注ぐキッチンでパンを焼いたり、グリーンの手入れをしたり。家のケアをするのが至福の時間。**3** 趣味のお菓子やパン作りと写真の腕を生かし、週に数回、自作のお菓子の写真をインスタグラムに投稿しているFさん。プロのような美しいお菓子の写真が人気を呼び、フォロワー数はなんと数万人です。

Data

住居形態：新築一戸建て
キッチンのタイプ：I型　アイランド

> Point

一戸建ての3階部分がLDKで、リビングとダイニングの真ん中にキッチンという配置。階段を上がってくると、このアイランドカウンターが出迎えてくれます。

Q1_好きなおうち時間の過ごし方は？
この春からベランダにテーブルを置いて、外ごはんをするようになりました。気候のいい時季は、朝昼晩ベランダで食事をすることもあります。

Q2_インテリアや暮らしまわりで影響を受けた本は？
有元葉子さんや栗原はるみさんの本はいろいろ持っています。また結婚当初、こぐれひでこさんの『ごはん日記』に影響を受け、子どもが生まれるまでの6年間、毎日違う料理を作って写真日記をつけていました。今も大切にとってあります。

Q3_お得意料理は？
パンは食べるのも作るのも好きです。特に、天然酵母を使ったベーグル、塩バター、黒ごまとクリームチーズなど、いろいろな味を考えて作ります。

Q4_印象に残っているエピソードは？
カーテンの生地を決めるときだったか、担当のSさんとインテリアやグリーンのお店をめぐったこと。恵比寿でランチをご一緒して、お散歩しながらショップを見て回ったのがとても楽しかった。このときに私の好みをさらに深く把握していただけたんだと思います。

Q5_オーダーキッチンのよさを一言で！
自分が好きなものを詰め込んで、好きなものに囲まれることができること。

1 ダイニングの小窓には、アルミサッシを隠すために木製の枠を取り付けました。透け感のあるリネンカーテンとハンギンググリーンがさわやかで、気持ちよく食事を楽しめる空間です。**2** Fさんは花よりグリーンが好き。小さなガラススペースにちょこんと飾られて並んだ姿が愛らしい。**3** ベランダではグリーンとハーブを育てています。この撮影後、ベランダ用のテーブルと椅子を手に入れて、外ごはんを楽しんでいるそう。

気に入ったものを厳選して

背面収納にはオープン棚を1段だけ。かごに入れたリネン、ケトル、コーヒーメーカーなど、出しておく理由のあるお気に入りだけを並べています。

粉類のストック専用の引き出し

パンやお菓子作りに欠かせない粉類を、常時6種類以上ストック。「フレッシュロック」に別売りのパッキンをプラスし、ラベリングして活用。

Good ideas
▶ from ◀
F House

巾木収納にお菓子作りの道具を

お菓子の型など細かい道具一式は、カウンター最下段の巾木の位置につくった引き出しに。形が独特で重ねられないものも多く、「これがなかったらしまえなかった」とFさん。

スライドテーブルが便利

食べ盛りのお子さんが3人いるので、毎日のごはん作りに活躍する道具もいろいろ。米びつと炊飯器を並べて、さっと引き出せるスライドテーブルに。

My Dream Kitchen
Ikoma House

料理のプロも満足する機能を
変形レイアウトにたっぷり詰め込んで

ウォールナットの板目を横につな
がるように配した、美しい収納扉。
通常より高めにしたステンレスの
巾木とのコンビが大人っぽいペニ
ンシュラカウンター。ここは週末
になると夫婦のダイニングに。小
さなおかずいろいろをおつまみに、
語らいの時間が始まります。

「オープンとクローズ、
レッスンとプライベート。
どちらの快適さも叶えられました」

| Name | | Profile |

いこまゆきこさん
家族構成:夫婦

料理研究家として活躍するいこまゆきこさんとご
主人は、高校の同級生。リスペクトし合う仲良
し夫婦の家づくりは、キッチンを奥さま、書斎
と浴室をご主人が主導。

		3	5
		4	
1			
2			6

1・5 一日中明るい光が降り注ぐ気持ちのいいキッ
チン。**2** 木目と白のコンビが素敵な造り付け食器棚
は、側面と上面をスライドさせて開閉。土鍋やポッ
ト、家電、和食器などをたっぷり収納できます。**3**
ストウブのミニココットは、ご主人からのプレゼント。
料理教室でも活躍しています。**4** 大好きな作家の一
人、鹿児島・艸茅窯（そうぼうがま）の川野恭和（み
ちかず）さんの蓋物や片口を窓辺に。しのぎ模様が
お気に入り。**6** カウンターに組み込んだワゴンは「本
当に便利！」と絶賛。カセットコンロをのせてダイニ
ングに移動し、テーブルとして使うこともできます。

家自体はでき上がって検査も済み、間取りプランや内装が自由になる状態で販売されていた新築コーポラティブハウスを購入したご夫妻。料理研究家である奥さまのいこまゆきこさんは、以前の家でも既存のクローズドキッチンと収納を総動員して、大人気の料理教室を運営していました。「普通に生活するには問題ないキッチンでしたが、料理教室をするとなると、参加人数分のお皿を並べる場所や、調理道具と器、食材のストックをしまう場所に困って、廊下や玄関の収納をパントリーにしていたほど。新しいキッチンでは、『とにかく作業スペースと収納がたくさん欲しいです』とリクエストしました」。プロも満足する動線のよさと収納の充実、ご夫妻のくつろぎの時間にもマッチする心地よいインテリアをテーマに、プランは進められました。

オープンキッチンもいいけれど、作業に集中できるクローズドのよさも知っているいこまさん。シンクの前に幅の狭い壁をつけ、そこから回り込むようなL字形カウンターにすることで、両方のいいとこどりが可能に。シンクとコンロの間に立つとダイニング側からはあまり見えず、数歩の移動で作業が完結できる動線も実現しています。

カウンターの奥行きは105cm。料理教室には最適なサイズで、カウンター下も収納スペースとして無駄なく使い切っています。「引き出し収納は、自分で適当に仕切るので分けないでくださいとお願いしました。大きなスペースを用意してもらったので快適です」。

作業台としても優秀なカウンターのワークトップには、黒に近いダークグレーのクオーツストーンを選びました。傷や汚れに強く、麺類やお菓子の生地を適温でこねられるうえ、料理の色が映えるので、写真を撮るときにも重宝。スツールに座れば、2人用のダイニングテーブルにもなる、まさにマルチに大活躍するカウンターです。

通常のレッスンの他に、料理を軸としたイベントもこのキッチンで行ういこまさん。ご主人が参加して一緒に楽しむこともあるそうで、「たくさんの人が来てくださる、楽しみのある場所になりました。趣味の金継ぎや漆仕事をこの作業台で行うこともあります」とご主人。

オーダーキッチンについて一言、といこまさんに聞くと、「やってみてわかったんですが、まずは夢を全部盛り込んで、やりたいことは全部リクエストするといいですよ。予算とかできるできないは後で調整すればいいから」。その通り、と笑顔でうなずくご主人です。

1		3
2	4	

1 サブシンク付きのL字形ペニンシュラカウンター。シンク前の壁がダイニング側からの視線をほどよくさえぎり、ちょっとした「クローズド感」も。**2** カウンター下をくまなく使った引き出し収納。刃渡りの長い刺し身包丁も楽々入る引き出しは奥行き約60cm。**3** ペニンシュラカウンターの奥に、壁付けのコンロが。間に立てばほぼ動かずコックピットのように使えます。**4** シンク下は一部オープンにして、まな板や水切りかごを収納。

Data

住居形態：コーポラティブハウス
キッチンのタイプ：Ⅱ型　変形ペニンシュラ

> Point

Ⅱ型レイアウトのシンク側をL字形にして長く伸ばし、料理教室にも対応する多用途の変形カウンターに。収納もたっぷり造り付けて、プロ仕様としての機能も充実。

Q1_新しいキッチンになって一番変わったことは?

好きな料理を仕事にしている私でも、以前のクローズドキッチンは「さあ、料理しに行くぞ」と心して行く感じの場所でした。今はダイニングと一続きの明るいオープンな場所にあるので、お豆を煮ながらパソコン仕事をしたり、誰かと話しながら料理の仕込みをしたり、完全に暮らしの延長線上といった感じで使える場所になりました。

Q2_お好みのインテリアテイストは?

スタイルとしては特にないのですが、内装をお願いするときに「モダニズムの建築家、前川國男邸が好きです」とお伝えしたことを思い出しました。温かみのある木の質感やすっきりした印象、昭和のモダンテイストに心ひかれます。

Q3_得意料理、家族の好きな料理は何ですか?

鮭ときゅうりのお寿司、黒酢鶏、牛ひき肉ときゅうりの炒め物、厚揚げトマトあんなど。全部おいしいです(ご主人)。

Q4_オーダーキッチンのよさを一言で!

わがままが言える相棒、まさしくマイキッチンになること。

Q5_宝物を教えてください。

ご主人:(ニヤリと笑い、無言で奥さまを指さす)
奥さま:(それを見て)じゃあ、夫にします。「じゃあ」って、ちゃんとつけてくださいね(笑)。

いい香りに誘われてキッチンにやってきたご主人。多機能のペニンシュラカウンターは、ご夫妻のもう1つのダイニングでもあります。一緒に選んだ器が並べられ、いこまさんの得意料理が次々と盛り付けられて。

大皿はディスプレイ収納で

窓辺の造り付け収納の白いスライド天板の上は、ディスプレイのステージとして使えるスペース。カラフルな大皿やおしゃれなボウルに果物や花をあしらって、見せる収納を楽んで。

吊り戸棚の扉は折れ戸に

一般的に開き戸であることが多い吊り戸棚ですが、いこまさんのキッチンでは折れ戸を採用。ハンドルを引くとすっと開き、全開時の奥行きを隣の冷蔵庫と揃えて見た目もスマートに。

Good ideas
▶ from ◀
Ikoma House

なにかと便利なサブシンク

大鍋が洗え、魚の鱗を引いても安心の大きなメインシンクの他に、サブシンクを設けました。レッスン中にちょっとした洗い物をしたり、生徒さんに使ってもらうのに重宝。

大きな引き出しを自分流に使いこなす

コンロ側の深い引き出しは内引き出し付き。ヘビーユースの調理道具を分けて収納し、フライパンは取り出しやすい縦並びに。この下にもう一つ、乾物用の巾木収納が。よく使う調味料も2段の内引き出しでばっちり。

リフォームに適した時季、
依頼から工事のベストタイミングはいつ？

「リフォームに適した時季っていつでしょうか？」

現在住んでいる家をリフォームする場合、何かが壊れて修理を急ぐ場合以外はいつでもいい、つまり決まった期限がないので、こうしたご質問を受けることがよくあります。

リフォーム業界の繁忙期は、やはり12月。新年を新しい家で迎えたいということはもちろん、気候的な事情も大きいでしょう。1～2月は寒さで荷物の整理や移動も大変ですし、新年早々に仮住まいというのも、なんだか気持ちが下がりそうです。

夏も同じく、暑さで億劫になりがち。その意味では、11～12月はリフォームに適した時季と言えるのですが、大型連休の旅行と同じで、同時期に同じことをする人が多いと、なにかとデメリットもあります。年末に忙しいのはリフォームだけでなく新築も同じで、年内竣工は、年度末に次いで多い時季。工場も繁忙期なので、納期が通常の1.5倍ほどかかる場合もあります。その結果、工程に間に合わず、少し遅れてようやく運ばれてきたと思ったら、部材が足りない！とあわてることも。工場だけでなく職人さんや配送業者も、あっちの現場、こっちの現場と引っぱりだこになるため、こうしたことも起こってしまいがちなのです。

もちろん、ミスのないようにしっかりやってくれますが、意識があちこちに向いてしまうのは致し方ないこと。できれば職人さんには、余裕のあるときに鼻歌でも歌いながら、じっくりとつくってもらいたいものです。

たとえば、「3月末に着工、5月に完成」というスケジュールは、年度末の慌ただしさも抜けた春爛漫の頃に工事となるので、おすすめ時季の1つです。

「6月に着工、7月に完成」は、梅雨時の工事にはなりますが、インテリアリフォームは屋根があるので、搬入のとき以外は問題なく進められて、こちらもおすすめ。「9月に着工、11月初旬にお引き渡し」も、年末の忙しさの直前に完成でいいかもしれません。

もちろん、検討事項は気候だけではありません。最近は、仮住まいだと毎日のお弁当作りが大変なので、工事は夏休み中に、という人も増えてきました。長期休暇中なら、ご実家に1～2週間滞在、もしくは旅行に出かけるなど、仮住まいの不便さを最小限に抑えることもできます。

さて、いろいろ検討して工事の時季を決めたとして、いつから打ち合わせを始めればいいのでしょうか。

打ち合わせから着工までの期間は、まさにケースバイケース。最速で2カ月、はたまた1年がかりという人もいて、一概には言えません。

すでにやりたいことが固まっていて「これを実現してくれるところを探していました！」という場合はトントン拍子に話が進み、あっという間に着工しますが、ゼロからイメージを共有し、じっくり話を進めていく場合は、やはり時間がかかります。

長かったり短かったり、十人十色の打ち合わせ期間ですが、平均すると4～5カ月ほどでしょうか。規模にもよりますが、それくらいだと急かされることなく、ズルズルと後ろ倒しになることもなく、ちょうどいいでしょう。各種のサンプルを取り寄せたり、実物を見に行ったりする時間もとれて、細かい収納の話もゆっくりできそうです。

まずは「この月にリフォームする！」と目標を決め、そこから4～5カ月ほど遡った月にスタートすることを目安にしてみてください。　　　　（リブコンテンツ）

001

002

003

004

005

006

007

10 Homes and Kitchens

———— ⁄ ————

Designed to Enjoy
the Precious Times in Life

008

009

010

保存版

オーダーキッチン
の
基 礎 知 識

監修：リブコンテンツ

世界に1つ、あなただけの
キッチンができるまで

全体の流れ

オーダーキッチンやリフォームって
どう頼めばいいの？

ここでは、リブコンテンツでのオーダーキッチンの製作やインテリア
リフォームの、依頼から完成までの基本的な流れを見ていきましょう。

洋書、インテリア雑誌、カタログのほか、ホテルのパンフレット
も。ピンタレストなどの写真共有アプリも便利です。

収納扉やワークトップなど、色や素材のサンプルを実際に見たり
触ったりしながら、打ち合わせを進めます。

1 リサーチ・資料集め

どんなキッチンにしたいか、写真を集めたり、実際にショールームを見に行ったりしてイメージをふくらませる段階です。好きな写真が載っている雑誌やカタログの切り抜きを集めたり、写真共有アプリを利用したりするのもいいでしょう。ビジュアル資料があると、打ち合わせの際、イメージ共有の大きな助けになります。

2 問い合わせ・相談

随時開催される相談会や説明会に、積極的に参加してみましょう。オーダーキッチンは住む人のライフスタイルに合わせてつくるので、選択のバリエーションがとにかく豊富です。これまでの施工例を見せてもらうと、どんなことができるのか、これを実現するといくらかかるのかなど、予算の目安もわかります。

3 個別コンサルティング

次の段階は、個別相談です。キッチンに関する要望や自分のライフスタイルを伝えて、目安となる大まかな金額を教えてもらいましょう。このとき、集めたビジュアル資料や間取りのわかる図面があるとベストです。迷っていることや疑問点も、ここでしっかり伝えておくことをおすすめします。具体的に要望が決まっていない部分は、プロに相談しながら。

4 設計契約

依頼することを決めたら契約となりますが、通常はこの時点で着手金（契約金）が発生します。リフォームの場合は概算工事費の10％程度が設計料となることが多く、その場合は半額を先に支払うケースが多いです。規模や内容ごとに、設計料が決まっている場合もあります。要望を伝え、正式に設計を依頼します。

5　プラン提案

依頼から2週間前後で、要望を盛り込んだ大まかなレイアウトプランが出てきます。提案内容と説明をよく聞いて、質問があれば遠慮なく聞きましょう。たくさんの要望があればそれだけ予算もかかりますが、ここだけは譲れない、こだわりたいところをしっかり伝えれば、お金をかける部分、かけない部分のバランスをプロが考えてくれます。最初の提案を叩き台として、より精度を上げる打ち合わせに進みます。

6　詳細打ち合わせ・見積もり

細かい変更や調整を重ねながら、プランをブラッシュアップしていきます。レイアウトはもちろん、サイズや材質、色、仕上げ、収納の位置とボリューム、設備機器やパーツ選びなど、決めることはたくさん。予算に基づいて仕様を検討し、金額調整を行います。色サンプルの製作や設備機器の検討など細部の打ち合わせを経て、詳細を最終決定します。設備や配管の図面を作成し、工事のための打ち合わせも行います。

7　工事契約

オーダーキッチンではキッチン工事予定日の45日前までに、最終的なオーダー、工事内容と金額を決定し、注文書を取り交わします。リフォームの場合も仕様の検討、金額調整を経て最終的な工事内容と金額を決定後、工事契約を結びます。この時点で通常、工事費の半額程度を支払うケースが多いです。

8　製作開始・着工

オーダー内容に基づき、キッチンの製作を開始します。リフォームの場合は工事期間中随時、設計担当者が現場で工事監理を行います。

9　納品・取り付け工事

オーダー製作したキッチンの部材が現場に納品され、取り付け工事を行います。キッチン取り付け工事のみの場合、通常2～4日で工事が完了します。リフォームの場合の工事期間は、規模によって10日～2カ月程度です。

10　竣工・アフターサービス

取り付け工事完了、竣工・引き渡し時に、機器類の取り扱い説明を行います。工事完了後、設計料と工事費の残金を支払います。その後、随時メンテナンスやアフターサービスでおつきあいが続きます。

ライフスタイルに合わせた

全体計画とレイアウト

レイアウトプランは
暮らし方と全体の調和を考慮

キッチンのレイアウトは、右ページで解説している基本の型の組み合わせでほぼ成り立っています。I型、II型、L型、U型は平面図におけるレイアウトの形で、壁との関係でアイランド、ペニンシュラ、壁付けと呼び方が分かれ、またダイニングやリビングとのつながりや位置関係により、対面、オープン、セミオープン、クローズドなどの呼び方が加わります。

ただ、これらは実は、あくまで既製品キッチンの世界で多く使われる呼び方。オーダーキッチンの場合は、住む人のライフスタイルと合っているかがまず大切なので、「要望を叶えてもらって、できてみたら◯型だった」というくらいのつもりでいればいいでしょう。基本の形におさまらず、2者のいいとこどりレイアウトや、ユニークな変形レイアウトができ上がることもあり、これぞオーダーキッチンの醍醐味とも言えます。

キッチンに立つのは誰か、1人か2人か大人数か、家族構成はどうか、朝から晩までフルに使うのか、どんな料理が多いのか、ものは多いのか少ないのか、ものが出ているのが好きか嫌いか、ゴミの分別はどうなっているのかなど、キッチンの使い方は人それぞれです。また、今の暮らし方だけではなく「今まではこうだったけれど、新しいキッチンになったらこうしたい」「将来はこうなるかもしれない」といった未来の仮定の部分もあるので、それも踏まえてプランすることが大切です。

キッチンで料理するときの動作の流れ、つまり「動線」のよさも、使いやすいキッチンの条件の1つ。動線が短ければ無駄な動きをせずに済むので、家事の効率もアップします。

キッチンでの動作には、縦の動きと横の動きがあります。縦の動きにはワークトップや収納などの高さが、横の動きにはレイアウトと設備機器や収納の配置、リビングやダイニングとのつながりが大きく関わります。まずは基本のレイアウトを参考に、ショールームのキッチンなどで実際に立って動いてみて、自分の使いやすさをイメージしながら考えていくといいでしょう。

横方向の動きなら動線に少し難があっても、多少は慣れでカバーできますが、縦方向の動きは意外と慣れないものです。たとえば脚立を使わないと届かない場所にある収納は、デッドスペースになりがちですし、身長に合っていない高さのワークトップは、肩凝りや腰痛の原因になる恐れも。でも、オーダーキッチンなら心配はいりません。高い位置の収納は、身長に合わせた使いやすい位置にしたり、オープン棚にしたり、開けたまま作業ができるスイングアップ扉にしたりと、さまざまな工夫が可能。ワークトップの高さも1mm単位で調節できるので、収納やビルトイン機器の高さも考え合わせて、最も使いやすいサイズにしてもらいましょう。

おもてなしが大好きな佐野さん宅のキッチン（p94〜103）は、大勢で囲めるカウンターテーブルが家の中心。一緒に料理も乾杯もできます。

料理するのはほぼ奥さまだけというAさん宅（p70〜79）。広いキッチンですが、動線を短くする工夫が多数。家電コーナーのスイングアップ扉もお気に入り。

カウンターの高さを奥さまの身長に合わせてやや高めに設定したけれど、使い勝手を考えて、コンロ部分だけは低くした松田さん宅（p50〜59）。

Check 基本のレイアウト

〉 **I型** ………………

スペース効率のいい
最もシンプルなスタイル

シンクとコンロが1列に並んだ、最もシンプルでコンパクトにできる形。コーナー部分がない一直線の形なので、デッドスペースが少ないのも利点。対面にして家電収納や食器棚を背面に設ければ、収納力が増して効率的です。広い場合は動線に無駄が出ないよう、設備機器の配置に注意が必要です。

アイランドカウンターにシンクとコンロを並べたFさん宅（p108〜115）。

壁側にコンロ、ダイニング側にシンクを配置した太田さん宅（p84〜93）。

〉 **II型** ………………

並列の片方をアイランドや
ペニンシュラに

シンクとコンロが2列に分かれて配置され、動線を短くできるのが利点。それぞれを使いやすい高さに設定することもできます。複数で料理することが多い家庭にもおすすめ。以前は壁側がコンロ、対面側がシンクという配置が多かったのですが、最近は逆も増えてきました。振り返る動作が多くなるので、間の床が汚れやすくなるので、床材は十分に検討を。

壁側にシンク、ダイニング側にコンロを配置したSさん宅（p60〜69）。

シンクとコンロをL字形に配置し、対面カウンターをつけた石井さん宅（p22〜33）。

〉 **L型** ………………

広いキッチンでも動線を短くできる
作業しやすい形

シンクとコンロがL字形に配置されるので、比較的広いキッチンでも動線を短くすることができ、作業効率のいいレイアウト。複数で料理する場合は動線が交差しないように注意。コーナー部分がデッドスペースにならないように、収納パーツを組み込んだり、一部をオープンにしたりなどの工夫が必要です。

〉 **U型** ………………

作業する人を取り囲む
コックピットのような形

別名「コの字形」。動線が短くて作業効率がいい半面、コーナー部分が2つあるので、収納面ではデッドスペースをつくらない工夫が必要になります。複数で作業するより、1人で料理する人向きのレイアウトと言えます。

II型キッチンに、シンクの2つあるL字形カウンターをつけた、いこまさん宅（p116〜123）。このような変形バリエーションがつくれるのもオーダーならでは。

Check キッチン本体と壁の関係 ｜ 給排水の配管やコンロの排気をどこで処理するかにより、キッチン本体と壁の関係が変わってきます。代表的な3種類をご紹介。

基本形
Basic

キッチン本体を壁に向けた基本の形。昔からあるクローズドキッチン、完全なオープンキッチンの両方によく見られます。

アイランド
Island

壁に接する面がなく、「島」の状態で独立したタイプ。4方からアイランドカウンターを囲んで作業できるので、大勢で料理を楽しめます。コンロの周りに飛び散る油汚れの対処法や排気方法に工夫が必要。

ペニンシュラ
Peninsula

キッチン本体のサイドのどちらかが壁に接した、「半島」形のタイプ。ペニンシュラカウンターがダイニングとの間をゆるやかに仕切る、セミオープンスタイルのキッチンに多く見られます。

キッチンの骨組みになる

設備の配置

どこに何を置く？
使い勝手に関わる重要な計画

　全体のレイアウト計画の検討と同時に、シンクとコンロ、冷蔵庫、ビルトインにする食洗機やオーブンなど、設備機器をどう配置するかは、キッチンの使い勝手の大きなポイントになります。

　わかりやすいようにⅠ型レイアウトで説明すると、シンクとコンロについては、右利きであればシンクが左でコンロが右、つまり利き腕側に作業が流れる方向にすると作業しやすいとされています。でも、これはあくまで一般論。今まで使っていたキッチンで慣れた動きや、調理中の癖などによって、使いやすいと感じる配置には個人差があります。ショールームなどのキッチンに実際に立ってみて、自分の使いやすさをイメージしてみましょう。

　キッチンの配管の位置や、排気方法と外壁との関係、他の部屋とのつながりなどの条件も関わってくるので、プロに実際の空間を見てもらったうえで、家全体のプランに合わせて検討してもらうのがベストです。

　シンクとコンロのどちらを右に、どちらを左にするかの選択肢は、L型レイアウトやU型レイアウトでも同じことが言えます。Ⅱ型レイアウトの場合は、作業中に左右どちら側から振り返るかでシンクとコンロの使いやすい位置が違ってきますが、いずれにせよ、シンクとコンロが真向かいに並ぶと振り返る角度が大きくなって使いにくいので、少しずらした位置に配置します。他には水栓金具や浄水器の位置などにも、念入りなプランが必要です。

Check ▶ 冷蔵庫

設備機器の配置で、意外とネックになるのが冷蔵庫の位置です。冷蔵庫、シンク、コンロの順に直線、または三角形を描く動線を基本としたレイアウトが望ましいのですが、特にL型の対面キッチンでは、冷蔵庫の置き場所には工夫が必要です。実はキッチンに置くものの中で、料理をしない家族を含め、みんなが何度も使うものが冷蔵庫。あまりキッチンの奥のほうに配置すると、調理中に誰かが冷蔵庫を使いたい場合に、動線が交差することに。また、買い物から帰ってきて冷蔵庫にものをしまうときの動線も、リビング・ダイニングを通り、キッチンの一番奥まで……と長くなり、使い勝手が悪くなります。サイズも大きいので、早い段階から検討することが大切です。

Check ▶ 食洗機

ビルトイン食洗機は、シンクのそばに配置するのが基本とされます。汚れた食器はいったんシンクで固形物を流してから食洗機にセットするので、シンクから離れた位置にあると使いにくく、床も汚れやすくなるためです。また、洗い終わった後のことを考えて、食器用の引き出しの近くに配置すると、動かずそのまま食器をしまえ、使い勝手が非常によくなります。

Close Up ▶ キッチン設計図に見る設備の配置

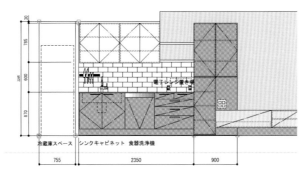

冷蔵庫スペース	シンクキャビネット	食器洗浄機
755	2350	900

佐野さん宅（p94〜103）の
キッチン、シンク側カウンタ
ーの設計図（簡略版）

Check ▶ ワークトップの高さ

作業台の高さは、使う人の身長を目安に、さまざまな要素を考慮して決めていきます。高さが合っているかどうかで、作業効率や疲れ方に大きな差が出るもの。教科書的なカウンターの高さは「身長÷2＋5cm」とされますが、最近はそれより高めを好む人が増えています。同じ身長でも床から肘までの高さには個人差があり、年齢や作業の癖、また作業の内容によっても最適な高さは違ってきます。一般に洗い物は高め、加熱作業は低め、パンやお菓子の生地をこねる作業も低めのほうが使いやすいです。コンロ部分だけ1段低くしたり、Ⅱ型レイアウトでシンク側とコンロ側のカウンターの高さを変えたりと、自分にぴったりのサイズをミリ単位で調整できるのもオーダーキッチンの魅力です。

Check ▶ 吊り戸棚

キッチンリフォームの際の要望として非常に多いのが「吊り戸棚を外してほしい」というもの。一昔前のシステムキッチンは、吊り戸棚の高さがカウンタートップから80cm、つまり床から165〜170cmに設定されていることが多く、平均的な身長の女性だと一番下の段に手が届くのがやっと。それより上はほとんど活用されていません。オーダーキッチンでは手の届きやすい低めの位置につけることが多いですが、圧迫感が出たり前傾姿勢のときに頭をぶつけたりしないように、下部をオープン収納にする、カウンターの奥行きを広くとる、長時間立つ場所の上には設けないなどの工夫をします。吊り戸棚を使いやすくする方法をプロはたくさん知っています。

スペースを有効活用して
使い勝手アップ！

収納バリエーション

外からは見えない収納の中身、
便利な収納パーツ、
機能やアイディアの一部をご紹介します。

 Pick up 01　外側はすっきり、中身はきっちり
内引き出し

Pick up 02　バリエーションいろいろ
扉の開き方

 Pick up 03　L型、U型キッチンの強い味方
コーナーユニット

Pick up 04　普段使いの調理道具に向く
オープンスライドラック

Pick up
05
使うときだけ手前に引き出す
スライドテーブル

Pick up
06
移動も単独使用もできる
組み込みワゴン

Pick up
09
動線もよく取り出しやすい
アイテムごとの指定席

Pick up
07
一目瞭然にするのがコツ
食品庫

Pick up
08
プランに組み込んですっきり
ゴミ箱

Pick up
10
広め、浅め、細め
スペースに合わせた収納

機能とデザインを決める

素材選び

`Check` ワークトップ

キッチンの作業台、ワークトップの素材選びは、機能面でも見た目の面でも最も重要な部分。ステンレスカウンター、石のカウンター、木のカウンター、どれを選ぶかで、キッチン全体の雰囲気も大きく変わってきます。耐熱性、耐水性、メンテナンスのしやすさなどの機能面に加え、色のバリエーションや高級感、インテリアとの相性、そして価格など、さまざまな角度から比較検討しましょう。ここでは主要なカウンター素材の基本的な特徴をご紹介します。

⟩ ステンレス

厚さによって質感や使い勝手が全く異なる素材。安価な既製品もありますが、厚みのあるステンレスの重厚感、スタイリッシュな雰囲気は魅力的。職人による手板金で、形が自由自在にできるのもオーダーならでは。

⟩ 天然石

ひんやりした手触りと本物ならではの高級感が楽しめる石。天然素材なので色柄が全く同じものがなく、サイズにも制限があります。汚れがしみ込みやすいですが、それもまた味わいに。

⟩ セラミック

ここ数年で人気が高まってきた、ヨーロッパでは主流の素材。いわゆる大判タイルと呼ばれるものです。傷、汚れ、熱のいずれにも強く、パンやお菓子の生地をこねるのにも向きます。まな板としても使える製品を出しているメーカーもあります。

⟩ アクリル系人工大理石

色柄のバリエーションが豊富に揃う樹脂系素材。現場でシームレスにつなげられるので、大きなカウンターでも継ぎ目なく仕上げることができ、形の自由度が高いのが最大の魅力です。熱い鍋を直接置けないのがやや難点。

⟩ クオーツストーン

最も硬い鉱物の1つである水晶を砕いて特殊技術で加工し、天然石の美しい質感を保ちつつ、デザインの豊富さや耐久性、汚れにくさも実現した素材。水晶の含有量は93%で、従来の人工大理石をしのぐ機能性が人気です。

⟩ タイル、木

ナチュラルなインテリアが好きな人に好まれる素材。ワークトップに適したタイルは25〜150mm角。陶磁器なので衝撃にやや弱く、目地が汚れやすいのが難点ですが、熱や傷、汚れには強いです。木は水や熱に弱いのでコンロ近くには向きませんが、シンク側なら水に強い特殊な塗装を施す手もあります。

Check 収納扉・面材

扉の面材は、インテリアの雰囲気に大きく関わります。金額
的にも工事費全体の4～5割程度を占めることが多く、面材
の選択はワークトップと同様、コストに直接影響します。つま
り、予算を調整しやすい部分とも言えるので、質感やデザイ
ン、金額についてプロに相談し、ベストバランスを見つけまし
ょう。素材そのものだけでなく、塗装や仕上げの方法、形状
や木口の仕上げ方によってもコストが変わってきます。（下
図参照）

Check 壁面

キッチンの壁の素材に何を選ぶかも、とても重要。インテリ
ア性はもちろん、汚れにくさ、掃除のしやすさなど機能性が
最も重視される部分です。特に汚れやすいコンロ前の壁は、
以前は掃除やメンテナンスのしやすい素材のキッチンパネ
ルが主流でしたが、現在はよりおしゃれな雰囲気に仕上がる
タイルが人気です。近年はデザインバリエーションが増え、
目地の汚れにくさ、目立たなさも工夫されています。サイズや
色の選び方で多彩なイメージがつくれるので、楽しみながら
選びましょう。

Check 扉素材・仕上げとコストの関係 (参考)

コスト高 ──────────────────────── コスト安

無垢板（框付き） 〉 突き板 〉 ステンレス 〉 UV塗装 〉 ウレタン塗装 〉 メラミン化粧板

使い心地にこだわって

設備機器選び

設備機器は調理の主役。使い勝手や機能、キッチンに調和するデザインも重視して

実際に調理をする際に使うシンクやコンロ、ビルトインオーブンや食洗機。「このメーカーのこの製品を使いたい」「この素材、この形にしたい」など、具体的な要望を持つ人が多い部分でもあります。調理機器に関しては、熱源がガスか電気かも大きな問題。ガスが通っていないオール電化の集合住宅のケースもあるので、中古マンションを購入してリフォームする際には注意が必要です。ここでは、水まわりと火まわりの設備機器について、それぞれの特徴や種類をご紹介します。

《水まわり》

Check ▶ シンク

⊙ ステンレスシンク

キッチンシンクの代表的な素材です。食器類を落としても割れにくく、熱に強く耐久性があるのが魅力です。作り方はプレスボウルと手板金があり、前者は厚みが0.6〜0.8mmと薄く少しペコペコした印象ですが、安価なのでシステムキッチンでは主流。後者は1.0〜1.2mmで重厚感があり、主にオーダーキッチンで使われます。オーダーシンクの場合は手板金で形が自由になるため、段差や洗剤置き場を設けるなど、機能やデザインにこだわることができます。傷やカルキの汚れが気になるのが難点ですが、専用の洗剤などで定期的にお手入れすることで、いつまでも美しく保つことができます。

⊙ カラーシンク

ステンレスの表面をガラス質の特殊なセラミックでコーティングし、色をつけたもの。カラーバリエーションが豊富です。ステンレスシンクの耐久性や軽量感を持ちつつ、弱点であるカルキ汚れが目立たないのも人気のポイントです。

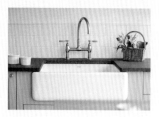

⊙ ホーローシンク

鉄やアルミなどの金属を下地に、ガラス質の釉薬を高温で焼きつけたものがホーローです。傷や汚れに強く、海外では多く見られます。ステンレスに比べると食器類を落としたときに破損しやすいというデメリットはありますが、独特のあたたかな雰囲気は日本でも一部で根強い人気があります。扉を加工してシンクの高さを前面に出すエプロンフロントタイプは、ファームハウスシンクとも呼ばれ、古いヨーロッパの雰囲気のキッチンになるのが魅力です。

⊙ 人工大理石シンク

アクリル系やクオーツ系の人工石カウンターと一体成形でき、継ぎ目がないためデザイン面、掃除のしやすさの面で人気があります。素材によって機能や価格に幅があるので、じっくり検討を。

Check ▶ 水栓金具

小さいながらも機能、デザインの両面で大切なパーツです。特にアイランドやペニンシュラなど対面キッチンの場合は、リビング・ダイニングから見たときの存在感が大きいため、デザインにはこだわりたいところ。形はもちろん、一般的なクロムメッキの他、ステンレス仕上げ、黒や白など色が選べるメーカーも。機能面では、シャワー切り替えがあるタイプ、ヘッドが引き出せるタイプ、また最近はレバーの操作がいらないタッチ水栓、手をかざすだけでいいタッチレス水栓も登場しています。

Check ▶ 食洗機

40〜75℃のお湯で洗うため油汚れがきれいに落ち、手洗いより節水にもなります。サイズは幅45cmと60cm。レイアウトや収納量とのバランスが大丈夫であれば、2人家族や3人家族でも60cmがおすすめです。45cmを選ぶ場合も、できれば容量の大きい海外製を。以前は乾燥に弱かった海外製ですが、最近は熱を発生する鉱石・ゼオライトを使った乾燥機能で国産品並みに乾くように。ただし、この機能を単独で使うことができないため、食器乾燥機としても使いたい場合は、国産品を選択することになります。

《調理機器まわり》

`Check` ▶ コンロ

◇ ガスコンロ

法改正により2008年から、全口安全セン
サー付きでない機種は製造・販売が禁止
されました。この改正で海外製の家庭用
ガスコンロは撤退し、選択肢がぐんと狭
まることに。天板の素材はガラストップが
主流で色のバリエーションも豊富。ステン
レスやアルミなどの金属は、各社1〜2機種
しかないものの、ワークトップがステンレ
スの場合はできるだけ合わせるのがいい
でしょう。グリルのパーツが機種により違
うので、よく確認を。また、五徳がバーナ
ーごとに分かれたタイプは軽くて洗いやす
く、一体の鋳物タイプは、鍋が横に動かせ
るのが便利。自身の調理のしかたに合わ
せて選択しましょう。

◇ IHクッキングヒーター

電気で磁場をつくり、その磁場で鍋底に
電流を発生させ、鍋自体が発熱するしくみ
のIH。周りの空気を温めることなく、しか
も熱効率が高いため、お湯がすぐ沸くな
ど調理時間が短いのが特徴。五徳がなく
トップの掃除が楽なことが最大の魅力で
す。鍋の形状や素材で使えるものが限ら
れます。海外製は国産品よりも電磁波の
基準が厳しく、IH用の表示があっても使え
ない鍋もあります。鍋底だけでなく側面に
も磁石がつけば大丈夫なので、購入時に
確認を。30cm単位でIHやガスを組み合わ
せられるタイプもあり、持っている鍋の関
係でガスを使いたい人にはおすすめ。オー
ダーキッチンならではの選択肢です。

`Check` ▶ ビルトインオーブン

日本では電子レンジと一体となった置き型
の電気オーブンが一般的ですが、キッチン
を新しくするなら、ぜひ検討してもらいた
い設備機器の1つ。お菓子やパン作り用と
いうイメージがありますが、入れっぱなしで
もう1品でき上がるので、実は忙しい家庭
の普段の夕食にも大活躍します。目線近く

に設置できて使いやすいウォールオーブ
ンは、海外製の電気オーブンが中心。容
量が70〜80ℓ以上あるので、パーティ料
理にも活躍します。ガスオーブンは、ガス
コンロの下に組み込む国産品が中心で30
〜40ℓ前後と小さめですが、置き型と比べ
ると充実の大きさと言えるでしょう。

`Check` ▶ レンジフード

調理時に発生する油煙を集めて排出する
レンジフード。吸引力や掃除のしやすさと
いった機能面はもちろんのこと、目につく
高い位置に設置されることが多いので、
デザインも重視したいものです。形状で
は従来からある深型（ブーツ型）、浅型の
他、側面に傾斜のある屋根のような形の
マントル型、最近人気のフィルターレスタ
イプに多いスリム型（フラットスリム型）、
シンプルな四角形のボックス型などがあり
ます。キッチンの中で目立たせたいのかそ
うでないのかを考えると、適したデザイン

が決まってくるでしょう。既製品に気に入
ったものがなければ、オーダーでつくるの
も一案です。
取り付け位置はキッチンのレイアウトによ
り正面の壁やサイドの壁、天井がほとんど
ですが、外壁に近い場所であれば、コンロ
に近い低めの位置から排気できる「下引き
（横引き）式」も可能です。気密性の高い
住宅には、同時吸排気型を選びましょう。
また、IH専用ではありますが、屋外に排気
しない循環型フードはレイアウトの自由
度が高まります。

作業しやすくおしゃれに

照明計画

キッチン全体を照らす全体照明、作業中に手元を照らす部分照明

　キッチンの照明は、空間全体用、手元用（シンク、コンロ）の両方を設置するのが理想。全体照明には50～100ルクス、部分照明には200～500ルクスの照度が必要とされています。汚れやすいので、掃除のしやすい形がおすすめです。

　加熱作業中にコンロの上を照らす照明は、レンジフードに設置されることがほとんど。一方シンクの上は、吊り戸棚やオープン棚の底板に埋め込むタイプがよく使われます。棚下に家具用ダウンライトをつけることもあり、こちらは作業用の手元灯というより、インテリア照明としての役割を担います。

　吊り戸棚をつけない場合は、手元を照らせる位置に、天井からスポット機能のあるダウンライトをつけたり、インテリアにマッチしたペンダントライトを2～3灯吊るしたりするとよいでしょう。棚の中に家具用の照明をつけて、お気に入りの器やグラスをライトアップするといった演出もできます。照明は、素敵なキッチンの仕上げとも言えるのです。

≫ Others

さて、あなたの理想のキッチンは？

最初の一歩、
イメージをプロと共有しよう

　つくり手であるプロと理想の空間の完成イメージを共有することは、大切な第一歩です。あなたの好みや要望をしっかり把握してもらうことで、希望通りの仕上がりに大きく近づくだけでなく、意識していなかった好みを引き出して、予想以上の提案をしてもらえることもあります。

　イメージ共有を助けるためにまず必要なのは、間取りのわかる図面。それから、好きなキッチンやインテリアの写真。具体的なものばかりでなく、「こんな感じが好き」という、なんとなく雰囲気のわかるものでも大丈夫です。雑誌や本、洋書やカタログなどの他、今は写真共有アプリなど便利なオンラインツールもいろいろあるので、自分に合った方法で集めたものを用意しましょう。この本でご紹介した方々のように、プレゼンテーションシートのような資料や「私の家づくりノート」を作成するのもおすすめです。

　また、今のキッチンで困っていることや解決したいこと、どうしてもこだわりたいこと、具体的なリクエストや質問などを書き出しておくと、打ち合わせがよりスムーズに。その半面、ざっくばらんなおしゃべりに大きなヒントがあることも。できるかできないかはひとまずおいて、好きなことややりたいことは、とにかくすべて相談してみましょう。

Close Up ▶ 予算について知っておきたいこと

⊙ 価格を決める3つの条件

　オーダーキッチンやリフォームの価格を決める条件は、大きく3つに分けられます。

　1つめは、使用する素材。カウンターのワークトップや収納扉の面材、壁や床など、分量が多いので、これらの価格は全体のコストを大きく左右します。

　2つめは、大きさです。キッチンのサイズやリフォームの範囲など、工事の規模が大きくなれば、当然ながらその分コストも多くかかってきます。

　3つめは、設備機器のスペック。シンクやレンジフードなどはオーダーでつくると高くなりますし、食洗機やオーブンもグレードにより、食洗機で15万～50万円、オーブンで20万～80万円（100万円を超えるものも）くらいの開きがあります。

⊙ 何を優先するかを自由に決められる

　一般的には規模が大きいほど高くなりますが、素材と設備機器がハイグレードであれば、小さめのキッチンで500万円台になることもありますし、シンプルな機能や安価な素材を選べば、大きいキッチンでも300万円台でおさまることもあり、それこそ千差万別です。

　前述の3つの条件のバランスをどうとるのか、どれを優先してどれを譲るのかを、詳しい打ち合わせで決めていくわけです。一番叶えたいこと、どうしてもこだわりたいことを伝えて、限られた予算の中で実現できるものを1つ1つ検討していくことがとても大切です。

⊙ 予算の平均額はいくらくらい？

　条件によって大きく変わりますが、平均するとオーダーキッチンでは300万～500万円ほどになることが多いです。リフォームは範囲によって大きく異なり、LDKリフォームでは800万～1200万円、家全体のスケルトンリフォームになると1500万～2000万円くらいが平均額となります。

⊙ 一生モノと考えればリーズナブル

　オーダーキッチンってやっぱり高いのね……と思いましたか？もちろん決して安いお買い物ではありません。でも、好きなものや自分だけの使い心地にこだわった愛着のあるキッチンは、ずっと大切に使いたい「一生モノ」になります。

　実は残念なことですが、システムキッチンの寿命は15年と言われています。これまでの建築の世界では、キッチンは住まいの中の「設備機器」という位置付けで、冷暖房や給湯器、トイレなどのように、年数が経てば壊れてしまうもの、壊れたら新しくするものとされていました。実際、10～15年経ったキッチンのリフォームのご相談が多いのも、この「キッチン寿命15年説」を裏付けているようです。

　それに対してオーダーキッチンは、まさに一生モノ。15年と言わず、お手入れやメンテナンスをしながら何十年と使っていけます。愛着の持てるキッチンに毎日立つ快適さを考えれば、高くないとも言えるのです。

しあわせを育てるキッチン

———————／———————

あとがきにかえて

大学生の頃、アルバイトで家庭教師をしていました。理系女子だったせいか需要が高く、4年間で20人くらいに教えたでしょうか。家に伺うのは、ちょうど夕食どき。生徒さんが夕食を食べ終わる頃だったり、ときには休憩の合間に一緒にご馳走になったりすることもありました。

何軒ものお宅の晩ごはんを見ていると、いかにも「おふくろの味」というお宅、逆にいつもコンビニ弁当や菓子パンというお宅と、本当にそれぞれ。家庭教師仲間と「家によっていろいろだよね」と話しながら、ふと、手作りごはんの家のお子さんは成績が上がりやすいと気がつきました。おいしいごはんを食べると、心が豊かになって好奇心が湧き、勉強意欲が増すのかも……。真偽のほどは定かではありませんが、若かった私の心に残りました。

もちろん、毎晩手作りじゃないと！なんてことはなく、疲れたときは「外で食べよう」とか「何か買ってきて」でもいいと思います。無理してこわい顔でごはんを作るより、「今日は食べに行っちゃお！」と笑顔で言う方がいいですよね。

でもやっぱり、手作りの晩ごはんは、1つの家族の絆だなと感じます。

そんな絆をつくる場所、キッチン。そのキッチンが家の中で一番好きな場所になったら。立つのが楽しいと感じる場所になったら。そこは料理をするだけでなく、家族のことを想う場所になります。キッチンが自分らしく快適だと、きっと料理が楽しい。そんな気持ちで作ったごはんは、なぜだかとてもおいしい。おいしいごはんは、子どもの成績を上げる（?）だけでなく、きっと家族を豊かにする。キッチンは「しあわせを育てる」場所だと思うのです。

田村敦子さん、原野純一さん、酒井夕里さん。2冊めの本のときにご一緒した「チーム HOME KITCHENS」が10年ぶりに復活し、おかげさまで今回も家族のしあわせをたっぷりとお届けする一冊ができました。

あふれんばかりのしあわせオーラを放ってくれた10組のご家族には、最大級の感謝と尊敬の念を送りたいです。

たくさんの苦労とともに、そんなキッチンをつくっているスタッフや職人さんたちにも、感謝の気持ちでいっぱいです。

そして、キッチンに立つ楽しさと大切さを教えてくれた母と、手抜き料理でもいつも笑顔で「おいしいね」と食べてくれる家族にも心からの「ありがとう」を……。

2020年秋

リブコンテンツ　田原 由紀子

LiB CONTENTS

Staff

Author
リブコンテンツ
田原 由紀子
石井 京子
鈴木 朝子
大江 香奈
小川 佳子

Photographers
原野 純一
澤﨑 信孝(p119~121、123)

Book Designer
酒井 夕里

Illustrator
長岡 伸行

Proofreader
荒川 照実

Editor
田村 敦子(VivStudio & Co.)

オーダーキッチンとインテリアリフォーム、
10軒(けん)の家族(かぞく)の物語(ものがたり)

しあわせを育(そだ)てる Kitchen(キッチン)

2020年11月25日 発行 NDC 527.3

著 者 株式会社(かぶしきがいしゃ) リブコンテンツ
発行者 小川雄一
発行所 株式会社 誠文堂新光社
〒113-0033 東京都文京区本郷3-3-11
[編集] 電話03-5800-5779
[販売] 電話03-5800-5780
https://www.seibundo-shinkosha.net/
印刷・製本 図書印刷 株式会社

ISBN978-4-416-92067-1